吵吵鬧鬧紛紛亂亂

——徘徊難決的台灣走向

陸以正　著

三民書局

人文叢書　社會類

國家圖書館出版品預行編目資料

吵吵鬧鬧 紛紛亂亂:徘徊難決的台灣走向／陸以正著.－－初版一刷.－－臺北市：三民，2005
面；　公分.－－(人文叢書.社會類1)

ISBN 957-14-4305-0　(平裝)

1. 論叢與雜著

078　　94008152

網路書店位址 http://www.sanmin.com.tw

© 吵吵鬧鬧 紛紛亂亂
——徘徊難決的台灣走向

著作人　陸以正
發行人　劉振強
著作財產權人　三民書局股份有限公司
臺北市復興北路386號
發行所　三民書局股份有限公司
地址／臺北市復興北路386號
電話／(02)25006600
郵撥／0009998-5
印刷所　三民書局股份有限公司
門市部　復北店／臺北市復興北路386號
重南店／臺北市重慶南路一段61號
初版一刷　2005年5月
編　號　S 811300
基本定價　參元陸角
行政院新聞局登記證局版臺業字第○二○○號

ISBN　957-14-4305-0　(平裝)

自序

去年五月，三民書局蒐集了我九十二年起在各報發表的文章，替我出版了第三本文集，取時間最近的一篇，有感於三月十九日到二十七日自發自動的群眾運動而寫的文章〈公正、清廉、效率——新政治意識覺醒了〉題目的一部份為書名：《台灣的新政治意識——局外人對二〇〇四年大選的觀察》，作為《三民叢刊》第二九四號發行。所謂「新政治意識」，其實只是個人主觀的願景，甚至是一種奢望，而非現實政治的反映。

我在該書〈自序〉中說：「這段時間裏，台灣正經歷民國有史以來最動盪的歲月、最激烈的選戰」，今日回顧，只說對了後一半。因為該書問世後，到了年底，另一場看來藍營肯定會輸，投票率遠低於總統大選的立法委員選舉，出乎意外地跌破了大多數人的眼鏡。國親新居然保住了國會多數，當時大家雖然高興，卻無人預見此事會對國內政治局勢發生重大的潛在影響。到本書出版時，台灣政治正面臨全面翻盤的可能，使我不得不收回前面那「最動盪的歲月」六字，因為去年如果像九一一大地震，那麼今年只有印度洋的大海嘯差堪比擬了。

本書所以定名為「吵吵鬧鬧　紛紛亂亂」，實在因為要描述這一年來台灣的紛擾混亂、黑白不明、是非顛倒的情形，除此八字外，還找不到更貼切的形容。不問個人的政治理念如何，年來凡住在台灣的人，如同坐雲霄飛車，前一分鐘還在攀登絕頂，下一分鐘卻跌進深淵；坐在飛車上的人尖聲喊叫，旁觀者也嚇得肝膽欲裂。行情每天早晚不同，連股市老手看得都目瞪口呆。「動盪的歲月」也不足以形容其千變萬化的程度，更無從預測這列車最後能否安全地駛進終站，讓驚魂未定的乘客們平安下車回家。

用「徘徊難決的台灣走向」作為書名副題，應可得多數讀者認同。因為在本書涵蓋的時間裏，吵鬧紛亂造成的內耗空轉，使國人極端不滿與焦躁不安。執政者明明知道，或許也有意變革，卻沒有勇氣與李登輝代表的台獨基本教義派決裂。直等到今年二月的「扁宋會」，剛露出一線曙光，又被人代會通過反國家分裂法的烏雲掩蓋住了。整體走向既混沌不明，國家哪有前途可言？

本書編集的方法，除懷念性文章與幾篇為他人作的序外，仍依發表時間先後，從去年三月大選後開始，直至今年三月為止，前後恰好一年。

我自己因校稿而重讀一遍後，私自慶幸當時的看法，並未隨時光流逝而必須修正。美國對台灣局勢的指導政策「泛藍不統，泛綠不獨，大陸不武」（第五十五篇〈選戰雖已結束　困難才剛開始〉，頁195－197），是民主、共和兩黨遵行已久的共同原則，不會也不可能改變，與人的因素毫無關係。這個信念可從其它談及美國對台關係的文章裏獲得印證（第五十四篇〈夏馨是否去職　沒有多大關係〉，頁192－194；第五十三篇〈外交政策錯誤　別怪執行不力〉，頁188－191；第五十二篇〈外交官不是派出去說謊的〉，頁186－187；第二十二篇〈鮑爾換賴斯　對台影響？　未到關鍵時刻〉，頁80－81）。

中華民國只有維持好與華府的緊密關係，才能保證台灣現狀不被外力改變。民進黨政府不是不瞭解這點，卻總想偷跑，用公投制憲等花招，試探美國與大陸的底線，其結果是自陷困境，惹出許多不必要的麻煩。小布希總統對陳總統的不耐，眾所周知，台北不得不盡力修補（第二十五篇〈總統國慶演說　給老美聽的〉，頁88－90）。

大陸因為不勝其擾，索性搬出統一法，後來改稱反國家分裂法，劃出三條紅線（第五十一篇〈「統一法」對準台灣關係法罩門〉，頁183－185；第三篇〈反分裂、要談判　球又回到台灣〉，頁7－9），其用意是要清楚地告訴陳水扁與美國，逾越雷池一步，便只有兵戎相見了。

扁政府辦外交，總是外行領導內行，偶爾還會爆出使人啼笑不得的餿主意（第四十八篇〈美、中　怎可能同意台灣派兵？〉，頁174－176；第二十六篇〈打上海　美會讓我發展中程飛彈？〉，頁91－93。除陳總統外，他身邊人鬧的笑話更多（第四十四篇〈哪來閒錢遷都？〉，頁163－164；第三十八篇〈要災民移民　空口說白話〉，頁143－145；第三十六篇〈制訂執行外交政策　呂副總統越俎代庖〉，頁137－139；第二十七篇〈游揆「中國」說　替總統找碴？〉，頁94－96。

台灣最大的毛病是過份以自我為中心，一面忘記了在世界舞台上，我們只是微不足道的一顆棋子，另一面又不知體諒美國在其它地區的許多頭痛。我因此也寫過不少對美國處境的分析（第四十六篇〈雷根　是朋友　也險斷送台灣〉，頁168－170；第四十二篇〈還政伊拉克之際　替美國算個總帳〉，頁155－159；第四十篇〈秘審結果不「美」　丟給伊審〉，頁149－151；第三十三篇〈民主黨大會　超級政治秀　選民沒興趣〉，頁127－131）。

從事外交實務這麼多年，如今雖然退休，與友朋閒談時，難免觸及台灣的國際環境，因而把感慨形於筆墨（第三十七篇〈歡迎李顯龍來訪兼論我與東協關係〉，頁140－142；第二十一篇〈看胡錦濤拉美旋風　台灣有何對策？〉，頁76－79；第二十篇〈台灣四面楚歌　還看不清嗎？〉，頁72－75；第十三篇〈李登輝重遊　日人學老美……〉，頁48－50；第五篇〈小柯訊息　國務院的斧鑿〉，頁13－15）。

然而著墨最多，使我最感痛心的，仍是對國事的憂慮，與恨鐵不成鋼的心情。其中包括第四十九篇〈就職演說　美國該感動　獨派會高興〉，頁177－179；第四十三篇〈白宮洩密案有獨立檢察官三一九百日真相調查會呢？〉，頁160－162；第三十九篇〈學美國查真相……學得像樣點吧！〉，頁146－148；到立委選舉前的第十八篇〈讓我們大家都去投票〉，頁68－69，都代表一般大眾的心聲。

平心而論，五年前陳水扁初就職時，提出「新中間路線」，可能有番抱負，但李登輝立即組織台聯黨，搶先佔領台獨基本教義派的左翼，硬生生把民進黨綁得動彈不得（第六篇〈阿扁，尼克森第二？〉，頁16－18）。到大陸正式通過反分裂法，藍綠反應有別，陳水扁舉棋不定之時，第二篇〈陳總統，你在等什麼？〉，頁4－6；與第一篇〈有利條件　主政者懂得善用？〉，頁1－3，不知有無一點助益？

我對泛藍陣營也有善意的規勸與批評（第十七篇〈兩黨合作是趨勢　國親合別再拖延〉，頁65－67；第十二篇〈還宋楚瑜一點清白〉，頁45－47；第八篇〈國民黨需要二次改造〉，頁22－24）。同樣地，謝長廷接任閣揆後，似手有些新氣象，值得鼓勵（第十篇〈取消包機限制　二月一日看謝揆〉，頁37－39，但政府做錯了，仍應予以指責（第七篇〈聯電案　執政黨兩手策略的祭品〉，頁19－21）。歲序更新後，我還寫了應景的〈新年三願：和解合作、改革司法、刷新稅制〉（第十四篇，頁51－53）。總計下來，有關政策走向的文章在本書中所佔篇幅最多，動機也最沉痛，自問都僅就事論事，未流於人身攻擊，但書生論政，就不知有無作用了。

本書所收文章裏，有兩篇原用英文寫成，都與新聞自由有關。二〇〇四年是紐約哥倫比亞大學的二五〇週年紀念，全年有一系列的慶祝活動，包括東亞語文研究所主辦的「哥大與中國的關係(Columbia University's Chinese Connection)」學術研討會。我以校友身份應邀參加，提出論文，本書出版前，才自行譯為中文（第三十篇〈哥倫比亞大學與台灣〉，頁113－121）。

另一篇則是有感於民進黨政府操弄新聞界情形越來越嚴重，請皇甫河旺與張作錦兩位合作，由我執筆用英文寫成，登在國家政策研究基金會(National Policy Foundation)的網站上，後來又印成小冊對外分發。那時我正好去美，因而由該會人員譯為中文，在中央日報發表（第二十九篇〈陷入險境的台灣新聞自由〉，頁100－112），我就樂得偷懶了。

此外還有幾篇為別家出版社所寫的文章，一是〈我讀 *We Shall Not Fail*〉（第十六篇，頁56－64）刊於《邱吉爾的領導智慧》作為導讀，由天下文化出版。另一篇《沒有寬恕　就沒有未來》序（第九篇，頁25－36），則刊於左岸文學出版的諾貝爾和平獎得主、屠圖總主教所著，回顧南非「真理與調解委員會」(Truth and Reconciliation Commission) 紀實一書篇首。我答應寫這兩篇文章，因為原著均未提及邱吉爾或屠圖的生平與貢獻，理當給讀者先瞭解他們的一生，才能有助於閱讀。

為前中影總經理龔弘兄口述的《影塵回憶錄》作序（第十一篇，40－44頁），旨在懷念一位新聞局時代同事多年前期同學兼好友。〈我所認識的曹聖芬先生〉（第五十六篇，頁198－199），則表示我對另一位學長與長官的滿懷尊敬。

是為序。

民國九十四年五月一日・台北市

吵吵鬧鬧紛紛亂亂
——徘徊難決的台灣走向

目次

一、有利條件 主政者懂得善用？

嗆了聲 出了氣 然後呢？

（原刊九十四年三月十八日《聯合報》）

不論有一百萬或僅二十七萬五千人上街，也不管謝長廷手上雖有面小國旗，卻被整片綠色掩蓋得不見形影，三二六大遊行的和平落幕，象徵台灣民主慢慢成熟了。要陳水扁閉嘴，不是件容易事，但他居然抵抗住誘惑，值得獎勵。獨派雖受許文龍臨陣倒戈的刺激，總算吐出了扁宋會後一直憋在胸中的悶氣，心情該舒暢一些。問題是：接下去該怎麼辦？

喊「民主、和平、護台灣」不費力氣，但口號不能當飯吃。正如奇美無法放棄多年來經營大陸市場的布局一樣，政府仍須繼續善盡其維護全國人民最大利益的職責，而非只反映少數政客的獨立夢。眼看清明迫在眉睫，節日包機正常化是來不及談了。如果等候太久，縣市長選戰可能又牽引出統獨爭議，破壞掉僅存一息的和解氣氛。國人都要體認，今後一兩個月將是修補兩岸關係的黃金時間，朝野都不應錯過。

檢討反分裂法引起的波瀾：可說中共誤判局勢，吃了大虧。台灣小有斬獲，還要看主政者懂不懂得善用時機，播下復談的種籽。只有美國坐享其成，僅靠幕後操縱得宜，什麼事都沒做，什麼話都沒說，卻獲得最大的好處。

北京每次與華府談台灣問題，美國雖口稱奉行一個中國政策，卻總抬出台灣關係法作軍售藉口。因此中共考慮也制訂個國內法以資對抗，既安撫內部從解放軍到青年學生的民族主義情緒，也作為重申主權立場的法律依據。問題出在大陸從無依法治國的觀念，沒想到人代通過這只有短短十條、不像法律卻像政策聲明的「反分裂國家法」，會掀起這麼大的風波。

北京只能怪流年不利，先被美、日「二加二會議」借區域性戰略目標為名，有意無意地給了台灣一點口惠。緊接著不早不遲，碰上歐盟因與美國鬥法，原定宣布解除自天安門事件以來的武器禁運；中共在關節眼上端出這部法律，使歐洲各國遲疑退縮，推延了時程，眼看鍋裏的鴨子，快煮熟卻又飛了，真是得不償失。

此時此刻，台灣決不可志得意滿，以為二千三百萬人嗆聲，世界真的都聽到了。即使天天上街遊行，一次比一次人更多，或花幾千億去買八年後才交貨的潛艦、飛彈，都不足以抵禦對岸日益增長的威脅。唯有善用目前有利局勢，危機才有變成轉機的希望。

激情過後，大家如平心靜氣地細研反分裂法全文，就會發現其中暗藏若干玄機。別忘記中共也有許多神主牌，包括馬列主義、毛澤東思想、鄧小平理論、乃至「一國兩制」等等。這些過時口號早已不符今日現狀，卻就是碰不得，只能高高供在神桌前，嘴裏天天照唸，內心卻另有盤算。

反分裂法從頭到底，未提「一國兩制」，更承認兩岸自一九四九年以來始終處於分裂狀態的事實。不錯，第九條劃出三條紅線，不許台灣跨越雷池一步。但那些紅線早已存在，並非始自今日；坦白點說，與美國劃出的「兩岸均不應片面改變現狀」那條紅線，其實差不多。

這部法律的第六條，明白舉出五項「發展兩岸關係」的措施，從三通到共同打擊犯罪，都很具體實在，即使基本教義派恐怕也難找出反對的理由。第七條更提出六種可以「平等協商和談判」的項目，其中雖隱藏有無形陷坑，台灣無須照單全收，但談判既可「有步驟、分階段進行，方式可以靈活多變」，就算談上五年十年，對台灣也沒有損失。

民進黨怕台聯搶佔深綠票倉，謝、蘇、呂、游著眼三年後總統候選人卡位之爭，花八千萬新台幣辦三二六遊行的苦衷，大家心知肚明。搞民粹容易，治國就沒那麼簡單。如何把握轉瞬即逝的機會，為台灣謀至少二三十年的和平穩定，就要看陳總統的智慧，與台灣民眾的福氣了。

二、陳總統，你在等什麼？

「百萬人上街頭」喊話後三緘其口　等華府具體動作　猶如「痴漢等老婆」

（原刊九十四年三月十六日《聯合報》）

反分裂法修正幾個字後幾乎全票通過，不是新聞；民進黨與台聯為搶奪深綠票源競相嗆聲，不是新聞；陸委會拿暫緩推動兩岸客貨運包機回應，不是新聞；國民黨與親民黨不參加三二六大遊行，也不是新聞。只有陳水扁總統在民進黨臨時中常會喊「百萬人上街頭」，事後卻三緘其口、遲遲不肯表明政府的真正態度與對策，才是令人擔憂的新聞。

陳水扁在等待什麼？各報多說他在等候美國的具體反應。我卻怕總統猶如俗諺裏「痴漢等老婆」，等不到期待的美國的強硬動作，而藍營緊接而來的「三一九要真相」遊行，又引燃他先放炮再講、不考慮後果的習慣性反應，局面會真正變得不可收拾。

白宮與國務院發言人十四日分別答覆媒體追問，早有準備，用字如出一轍，無非認為中共此舉「不幸」，對海峽和平「沒有幫助」，最後仍以期望恢復「對話」作結，了無新意。

國務院十四日記者會裏，有位大概是台灣去的記者問包潤石：美國有無就人代會通過反分裂法，向中共「正式提出抗議」，或「正式進行交涉」？包潤石巧妙地避而不答，只強調美國曾在不同的高階層，不斷地與北京討論，並清楚說明美國的看法。換句話說，國務院不曾抗議，更不曾提出交涉，只是表明美國不贊成的態度。

這種無可奈何的態度不足為奇，因大陸的反分裂法其實是針對美國已有二十五年歷史的「台灣關係法」而來。第三條「解決台灣問題…是中國的內部事務，不受任何外國勢力的干涉」，箭頭明明指向華府。前總統卡特在一九七九年元旦與大陸的《建交公報》裏，已清楚接受「台灣是中國的一部分」。相形之下，反分裂法第二條的「大陸和台灣同屬一個中國」，姿態要柔軟得多。美國現在除對該法表示遺憾外，實無抗議的理由。說政府在等待美國「進一步的行動」，恐怕猜測的成分居多。

賴斯 (Condoleeza Rice) 本週末來亞洲訪問，是她自接掌國務院，繼訪問歐洲後，來東方「拜碼頭」的例行公事。一星期裏要遍訪日本、南韓、大陸、印度與巴基斯坦五國，我看在北京停留不會超過一天半。這麼短的時間裏，要與胡錦濤、溫家寶、李肇星、可能還有陳雲林、吳儀等晤談，雖會觸及台海局勢與反分裂法，最多只是交換意見各自重申立場，不會有實質性針對性的談判。

再說，儘管大陸把台灣問題看作與美國間最大的歧見；在美國的世局一盤棋裏，這只是一項潛在危機，眼前並無急迫性。即使遠較重要的北韓核武問題，也只由助理國務卿的階層處理。現在主管東亞事務的助理國務卿凱利雖將有更調，必須等賴斯提名繼任人選，經參議院同意後才能離職。

美國對反分裂法的回應，短期內仍將由他主導。

凱利七日在CSIS太平洋論壇發表〈美國的東亞政策〉專文，檢討與本區各國關係現況。談到台灣時，他坦承台美間雖「非正式」卻很重要的雙邊關係裏，存有相當困難，問題在於台灣只聽想聽的話，而非美國的老實話，「這才是美國有時不得不公開放話的原因」。

凱利一語道破陳水扁的施政風格。套用他的感受，台灣對人大通過反分裂法的反應，最大的變數不在大陸或美國，而在總統「只聽想聽的話」。扁宋會十點聲明至今，時間雖只過去三星期，環顧台海兩岸情勢，前後對照，有恍如隔世之感，原因就在於此。

要瞭解兩岸危機所在，須先認識反分裂法是胡錦濤接掌中央軍委後，拿來穩住解放軍鷹派的手段；人大通過後，大陸已無退縮餘地。就美國而言，華府業已表達反對，要它進一步與中共翻臉，或採取任何行動，絕無可能。

如果陳總統不自知克制，被台灣的鷹派人物綁架，或為保住深綠選票，又回到激烈對抗的舊意識型態，則兩岸關係真永無春暖花開之日。大陸政策繼續左右搖擺，只會加深分裂；對立不停，更無助於美國所希望的和平談判。怎樣解套，只是陳水扁一人的選擇。

三、反分裂、要談判　球又回到台灣

北京直接向陳水扁喊話、「反分裂法不是對台動武法」

（原刊九十四年三月九日《聯合報》）

不但在台灣使人提心弔膽，連美日都曾表示憂慮的反分裂法草案終於露面了。聽了王兆國的報告後，各方反應因人而異。

基本教義派會把「非和平方式」與「使用武力」劃上等號，並繼續高喊「反動武、反併吞」的口號。

民進黨會暗中高興，因為陳總統應付得宜，甚至呂秀蓮都避不參加，只由謝、蘇、游幾人出面，找了二千人在台北辦個「誓師大會」，算是南北呼應，既顧全了獨派顏面，又未推翻與歐洲議會視訊會議時阿扁直言，「即使李登輝仍是總統，也辦不到正名制憲」的重話。有了裏子又有面子，儘管仍是雙面手法，總算大方向並無變更，對美國有了交代。

國民黨也會慶幸，口頭上雖必須追隨泛綠表示反對，內心自然樂見綠營表面暫時彌補了分裂現象，骨子裏則淡綠與深綠間的猜忌猶存。只要阿扁再向中間路線靠攏一點，勢必會再爆發口角，對藍營有百利而無一弊。

最得意的應該是親民黨，因為三月四日的「胡四點」，居然要求陳水扁「切實遵行」十天前扁宋會的結論，功勞誰屬，已成定論。而胡錦濤釋出的許多善意，如果陳總統真能恪遵民親兩黨簽署的十點聲明，確有可能為台灣前途透露出一線曙光。僅就這點而言，宋楚瑜無論受了多少委屈，也都值得了。

其實從人大與政協兩會開幕前一天起，胡錦濤就展現了剛柔並濟的政治手段。這兩個為大陸粧點民主門面的櫥窗，每年各開會不滿十天，有三百五十多天休會，只留常委會代行職權。全國政協會議本質上只是個諮詢機構，連假的實權都沒有，此次也收到四千四百件提案。全國人民代表大會名義上算是國家最高權力機關，出席的正式代表二千九百八十八人，採訪的中外記者也近兩千。但今年兩會引人注意的議題只有反分裂法，可見在中共領導人心目中，台灣問題關係到共產黨執政的基礎，比肅清貪汙或三農問題都重要。

北京把今年兩會精神定調為「和諧社會」，但台灣媒體未予重視。兩會發言人姜恩柱隨後強調：「反分裂法不是『對台動武法』，也不是『戰爭動員令』」，恰值泛綠緊鑼密鼓籌備「反制」動作之時，也聽不進台灣民眾耳裏。因此政協開幕後的三月四日，大陸媒體簡直把那天渲染成了「台灣日」。

胡錦濤的四點意見，胡蘿蔔遠比大棍子多。最重要的兩點：一是直接向陳水扁喊話，「不管是什麼人，什麼政黨，也不管他們過去說過什麼，做過什麼」，大陸都願意和他談發展兩岸關係。二是重申賈慶林在江八點十週年時所透露，從過去幾年常用的「中國的領土主權不容分割」，退讓到「儘管兩岸迄今尚未統一，但大陸和台灣同屬一個中國的事實，從未改變」。

換句話說，大陸已經擺出姿態，準備與民進黨恢復直接談判，以防阻阿扁承受不起李登輝與台聯的壓力，再向獨派佔據的左方挪移。

獨派人士抓住反分裂法條文中「非和平方式」一詞來做文章。不過，美國那樣民主的國家，尚且有「戰爭授權法」，總統遇緊急狀態時，得先派軍作戰，於九十天內提請國會覆議，如遭國會否決才必須撤兵。在大陸，實權操於中央軍委之手，所以將動武授權給國務院與中央軍委。即使華府國會中「台灣連線」就此點提出質疑，北京一句話就能把它頂回去了。

兩岸這場鬥力也鬥智的比賽中，球又回到台灣這邊。能否化干戈為玉帛，就要看陳水扁與民進黨的意志與決心。

四、豈能坐視毒品氾濫

（原刊九十四年三月三日《中國時報》）

毒蟲陳長賢拒捕時引爆瓦斯，造成一名員警殉職，九名警消人員受傷。這種因吸毒造成的社會案件天天都有；不只殺人綁票等重大罪行，即使搶劫便利商店的初犯，也以吸毒者佔最大比例。這類新聞看多了，人們的反應近於麻木；就國家長遠前途言，它確是嚴重的危機。新內閣已把整頓治安列為施政重點之一，減低毒品氾濫的程度，才是釜底抽薪之道。

吸毒基本上是個社會問題，世界上有兩種完全相反的對策。一是藉嚴刑峻法，恐嚇人民不得效尤。國民黨政府在大陸時期，由於鴉片戰爭造成中國百年恥辱的記憶猶新，把吸毒者送進戒菸所強迫勒戒，對販賣者則概處死刑，毫無寬貸。雖然嚴厲，當年卻達成相當效果。

如今從海洛因、古柯鹼到大麻菸、搖頭丸，毒品的種類繁多，而八十七年修正的「毒品危害防治條例」與次年的施行細則中的罰則卻較前寬鬆，依照條例應設置的戒治處所有名無實。以致警察天天抓，法院回回放。走馬燈式的司法，造成今日無法收拾的局面。

第二種是若干西歐國家受自由主義影響，對於吸毒採取比較容納與理解的態度，認為這與酗酒差不多，是一種社會病態，禁不勝禁，不如索性開放並管制其使用。英國、荷蘭、瑞士、西班牙與義大利先後都曾把毒品「除罪化」。有一段時間，英國醫師甚至可處方讓吸毒者到藥房合法地購買海洛因，免得他去犯罪，成為另一個極端。

但各國這種社會實驗的結果，只有極少數情形見效，其餘國家裏吸毒者佔總人口的比率不降反升，因吸毒導致犯罪的案例也有增無減。美國朝野辯論迄今，只有少數幾州准許對登記有案的毒蟲，配給美沙酮 (Methadone) 在醫師監督下服用，作為逐步戒毒的藥品，其他均不開放。美國為制止外國毒品流入，在司法部下特別設置「毒品管制局」(Drug Enforcement Agency)，規模龐大，分局遍布全國，各駐外使領館也都派有專員，已經接近前述的第一種政策了。

台灣吸毒問題再拖延下去，絕非辦法。究竟該採取哪一種政策？我認為或可將兩者的優點合併為一，即對於僅為尋找 high 的刺激，試嚐大麻菸或安非他命的初犯者，從寬處理，列管戒治，而非罰款或緩刑後讓他們去自生自滅。如再被捕時，則至少加重其刑二分之一。我國早在八十七年就訂有「觀察勒戒處分條例」與「戒治處分執行條例」，但徒法不足以自行，毒蟲如此猖獗，這幾年間的法務部長不能辭其咎。

對於製造、販賣或運輸毒品者，不論是否初犯，必須一律嚴懲。販毒者一轉手的獲利以千萬計，他們可以買人頭頂罪，就是坐幾個月牢也滿不在乎。刑法分則第二十章「鴉片罪」的有關條文應予加重，累犯者可處死刑，併科罰款應提高幾百倍或幾千倍。只有這樣嚴苛的手段，才能阻止毒品浪潮把寶島整個淹沒，政府絕對不可手軟，媒體與社會更要善盡監督的職責。

五、小柯訊息　國務院的斧鑿

反映了美國政策的微妙轉變　也是近三年來的官方立場

（原刊九十四年三月一日《聯合報》）

全由政府出資的「台灣民主基金會」據說花了八百萬新台幣，還不包括外交部支付的元首級旅館與接待費用，把柯林頓請來台灣，前後停留二十二個小時。至於花一萬元排隊，請他在《我的人生》中文版簽名者，更是自掏腰包，不在話下。這陣旋風轉眼已經過去，小柯第五度訪台，究竟為我國帶來了什麼訊息？

柯氏自承他早已是老百姓了，不能再聽取國家安全簡報；他的消息來源和常人無殊，只能依仗媒體。話雖然不錯，我的經驗是，像他這樣的人出國，雖無任何官方任務，但因身份不同，不可避免地會與訪問國政要接觸。因此國務院總會事先特別舉行簡報，解說美國與該國間關係現狀與特定議題，以免言詞應對之間，傳遞了錯誤的訊息，惹起不必要的麻煩。

柯林頓與老布希這次先代表美國，巡視東南亞海嘯災區；然後獨自應出版商之請，遍歷中國大陸、香港、日本與台灣。這些都是美國遠東政策最敏感的地區，我相信國務院不但曾為他舉行簡報，恐怕還提供了「什麼話可說、什麼話不可說」的參考資料。美國駐各地使領館，勢必也曾奉令協助。他在緊湊行程中特別安排了與連戰會晤，以便在藍綠陣營間保持平衡，便是最明顯的例子。

他在香港接受東方報業集團訪問，與昨天在台北接受東森媒體集團半小時專訪時，侃侃而談，對敏感問題狀似脫口而出，實則字斟句酌，拿捏得恰到好處；雖然顯露他的聰明才智過人，也清楚地透露出國務院的斧鑿痕跡。

「擁抱人類共同價值，共創二十一世紀安定與繁榮」的講題，初看像是老生常談，會讓聽眾打瞌睡的題目。但三十分鐘演講裏，最關鍵的一句話「台海問題的解決應得到兩岸人民的同意」，與他做總統時所言只需台灣人民同意而未提大陸人民，有顯著的差異，充分反映了美國政策的微妙轉變，也是國務院近三年來的官方立場。台灣所有的人不問政治傾向，都必須認真看待這項訊息，再三回味其中含意。

陳水扁在總統府五年，以前所見層級最高的美國官員只有夏馨那樣的副司長階級，或僅為參眾議員，這是首次與一位退休總統見面，事先確實也做了些功課。尤其有趣的是，他提到柯林頓在一九九二年當選總統；一九九四年期中改選，共和黨在參眾兩院都奪得多數，一舉推翻了民主黨連續四十年對國會的控制權，此後在他六年總統任內，備受在野黨牽制杯葛，言外之意，似乎有些同病相憐的味道。

其實兩人境遇略有相似之處還不止此，柯林頓初次當選時，因為有兩黨之外的獨立候選人裴洛(Rose Perot) 攪局，老布希只得到百分之三十八的票，柯林頓雖當選，也只有百分之四十三，比陳水扁五年前多得有限。更有意思的是，當年柯林頓處處受到共和黨籍眾院議長金瑞契 (Newt Gingrich) 掣肘，被迫打出「新民主黨」的招牌，實際採行的財經政策比共和黨還要保守，因而傳統的民主黨自由派譏嘲他是掛羊頭賣狗肉。這與扁宋會後，綠營基本教義派大罵陳水扁背離台獨理想，真有三分相似之處。

昨天臨時加排的扁柯二次會，以及連柯會晤，究竟談了些什麼，外間無從知悉。我相信這兩次見面才是短短行程裏的重點，所談內容應該不會脫出美中台三角關係的範圍。懂的人自然猜得出談話內容，不懂的人，你告訴他也是白說。

六、阿扁，尼克森第二？

原先不被看好的扁宋會　能否帶來奇蹟？

（原刊九十四年二月二十六日《聯合報》）

二十四日以前，街頭巷尾談論國內政治時，多聞對宋楚瑜一片罵聲；證諸台北賓館外老兵把他比作吳三桂，可見他與親民黨在泛藍選民心目中的地位，豈止一落千丈而已。但等扁宋記者會結束，有些人已有點動搖，甚或感覺錯愕。看過兩家電視台對他專訪後，很多人的觀感產生了微妙轉變。對政治人物的評價，一日之內像洗三溫暖一樣由冰冷忽然轉熱，即使在民意善變的台灣，也是異數。

評估扁宋會，不能從誰得到最大的政治利益，或哪個黨能維持住選民支持度著眼。如從藍綠陣營的反應來看，顯然陳水扁的讓步比較大。李登輝說「抓鬼被鬼抓」，長老教會甚至用「出賣台灣人」的重話抨擊；相形之下，連戰看後，還以為是國民黨要發布的宣言，可見宋楚瑜並未偏離親民黨一貫的政綱與立場。

這次扁宋會，雙方幕僚事先曾有密切聯繫磋商；十點共識應該早就談妥，否則臨時不可能拿出準備好的兩份聲明，簽字後互換正本，完全遵循外交場合簽署雙邊協定的模式；用之於政黨之間，還真少見。這可說是親民黨因前兩次扁宋會吃盡啞巴虧後學乖了，總統府有前科在身難以拒絕的結果。既然「立此存照」，今後就難以推翻。很多人的看法都一樣：阿扁總統這次大概也沒有抵賴的意思，這才是扁宋會真正的收穫。

台聯與基本教義派自然也懂得阿扁的心思，所以才大聲反對，將在二二八那天動員群眾上街，反對民進黨「向統派投降，向一中屈服」。問題在自從立委選舉後，台灣的民意趨向已經很清楚，急獨與緩獨加起來也無法超過百分之二十，多半贊成維持現狀。探測選民動向天線特別敏銳的陳總統，怎會連這點都看不出來？

五年前政黨初次輪替後，我與朋友聊天，曾舉尼克森打破美中二十幾年對峙的僵局為例。美國自韓戰時與「中國人民志願軍」對壘後，對大陸一直奉行圍堵政策，不遺餘力助台灣捍衛國際地位。到七〇年代，中共政權已經穩固，美國感覺有改變政策的必要，但民意依舊反對與北京妥協。尼克森當選總統後，正因為他一生以反共著名，輿論無法懷疑他的動機，才能借乒乓外交搭上線，派季辛吉密訪北京，打破兩國僵持二十幾年的局面。

尼氏後來雖因水門事件身敗名裂，黯然辭職以避免國會彈劾；蓋棺論定，美國歷史家仍推崇他在重新開展美中關係上的貢獻。我當時對朋友說，正因為陳水扁以民進黨人而當選總統，不會有人懷疑他會出賣台灣。如果他真走「中間路線」，與大陸求取某種程度的和平共處，兩岸只在經濟發展層面作友好競爭，把未來留待後人解決，他很可能名垂青史，甚至贏得一座諾貝爾和平獎。可惜五年來事與願違，才有今天兩岸劍拔弩張的局面。

大陸官僚體系動作總要慢半拍。扁宋會是前天的事，國台辦昨天例行記者會只說已經注意到了，仍須待高層定調後才會做出反應。但有個台灣記者問：如果宋楚瑜來談反分裂國家法的問題，或進行兩岸間溝通，大陸會如何因應？發言人李維一回答：對主張發展兩岸關係，承認九二共識，反對台獨的有影響人士來大陸交換意見，「我們都是歡迎的」；這已經很清楚了。

西諺有云：「遲做總比不做好。」希望原先不被看好的扁宋會，真能導致奇蹟出現，為兩岸生民帶來全新的共榮共存環境，才是國家民族之福。

七、聯電案　執政黨兩手策略的祭品

拿聯電來開刀　殺雞給猴子看
正好平衡原就誠意不足的「協商和解」

（原刊九十四年二月二十一日《聯合報》，次日大陸《參考消息》未獲作者同意，全文轉載。）

讀聯電董事長曹興誠在報上刊登的半版廣告，條理清楚，事實明晰。參照連日來有關政府高層事前「關切」、事後「滅火」的各種報導，可見聯電案根本就是政治力假借司法之手，而行排除或至少是警告異己之實；再度證明台灣是非不明、民主政治淪喪程度之嚴重。

追根究柢，隱藏在聯電案背後的是個老掉了牙的舊衝突：一方是台獨基本教義派為達成終極目標，不惜代價與大陸切斷一切聯繫的夢想；另一方則是工商界為繼續求存，必須在快速成長的大陸市場搶佔一席地，以免台灣經濟被邊緣化的必要性。兩者間的矛盾，怎麼看都無法化解。

執政黨既需緊緊抓住它的深綠票倉，免得被台聯挖走，又要營造協商和解的假象，對美國有所交代，因而不得不採取兩手策略，讓情治與司法機構去做惡人；高層與立委則假裝詫異，一副全無所知，滿臉無辜的樣子。問題是這種「兩面人」的戲法變久了，休說玲瓏剔透的科技人，再笨的老百姓也早已看得清清楚楚。再拿它來騙人，最終受傷的是台灣自身。

從李登輝的「戒急用忍」，到陳水扁的「積極開放，有效管理」，其實是脈絡相傳，換湯不換藥的障眼法。民進黨執政五年來，對所有問題根本的兩岸關係，始終拿不出有系統有目標的對策。你以為它真的不懂嗎？非也。你以為它不知道經濟如持續低迷不振，台灣前途岌岌可危嗎？沒那回事。只不過在它的算盤裏，選票重於一切；為了長期掌握行政資源，鞏固綠色政權，必要時只能暫時讓經濟靠邊站，等政局穩定些再說。

瞭解了執政者的心態，對陳水扁左右搖擺，遊走於開放與鎖國之間，進兩步退一步的習慣手法，就會了然於胸了。春節以後，新閣揆頻頻釋放協商空氣，扁宋會即將登場，長期貨運包機眼看就可成真，即使安撫了低層的基本教義派，台聯的教父怎肯坐視不管？不識相的宣明智偏在立委選前說，如果台灣是家掛牌上市公司，這檔股票宛如地雷股，沒有一個分析師會推薦它。拿聯電來開刀，殺雞給猴子看，正好平衡本來就誠意不足的「今年是協商和解年」之說。

問題在於台灣產業必須去大陸投資，才能保持靈活的競爭力與世界市場佔有率。任憑政府設下多少層關卡阻擋，這些年來「偷跑」的公司不計其數，早已是公開秘密。專挑聯電一家找它的麻煩，既有失司法公平公正原則，又可能引起民怨。學法律的檢察官，怎能懂得企業競爭的道理。中國自古以來，官逼民反的例子屢見不鮮。當局悍然不顧人民生計，使用不當高壓手段，以莫須有之罪，強加於曾對經濟發展有重大貢獻的科技業龍頭，是何居心？說得壞些，等於要全國經濟走上慢性自殺之路；說得好些，也是愚不可及！

八、國民黨需要二次改造

王金平　國會議長　就是名正言順的在野黨領袖
馬英九　太年輕？　要年輕人才有勇氣破舊布新

（原刊九十四年二月十七日《聯合報》）

馬英九宣布積極參選國民黨主席了。從媒體到民眾，大家著眼點都在所謂「王馬之爭」；我卻以為這應該是中華民國遷到台灣後、也是國民黨史上第二次徹頭徹尾的政黨改造工程。

改造什麼呢？要從基本上改造國民黨的體質。從民國十二年總理孫中山聯俄容共時，效法前蘇聯布爾什維克黨的做法，將國民黨定位為「革命政黨」的意識型態，所以必須把這個黨改造成一個適合二十一世紀的、完全遵循民主思想的、與歐美先進國家沒有太大差別的普通政黨。

不錯，民國三十八年追隨前總裁蔣中正來台後，國民黨檢討痛失大陸的經驗，曾經「改造」過一次，以「中央改造委員會」取代中央執行委員會。但老實說，那只是為去除陳果夫、陳立夫兄弟把持黨務二十幾年殘餘勢力的改造，黨的組織和基本精神並未改變，仍然是從上到下，以「服從領袖」為基礎，「以黨治國」的威權式結構。台灣的經濟與社會型態歷經五十餘年變遷，早已面目全非，而國民黨仍以不變應萬變，因循延誤，與時代潮流越走越遠；相對於民進黨迎合年輕人思想，喊出改革進步的口號，才是兩次大選失敗的真正原因。

怎樣改造呢？首先要放棄列寧式中央集權的政黨組織。民主國家的政黨應該只是選舉與募款的機器；為避免黨國不分，政黨平時根本就不應參與政府的運作，黨務人員在政府中更不該有任何地位。美國現由共和黨執政，共和黨全國委員會的主席是誰呢？他今年一月才上任，名叫 Ken Mehlman。別說在台灣，在美國恐怕百分之九十九點九九的人也不知道此君是何方神聖？布希在共和黨內也沒有任何名義，他只是黨的精神領袖，本職仍是國家總統。

美國制度下，國會議員是人民票選的，總統副總統也是選出來的。行政部門官員概由總統任命，其餘如最高法院大法官、各部會司長以上政務官、各地聯邦法官、與獨立機構如聯邦儲備委員會等重要職務，則由總統提名，經國會同意後派任。黨官既非民選，在民主國家政府中就沒有任何地位。即使在英、法、德等國，黨與政府之間也分得清清楚楚，執政黨的純黨務人員不得參與政府的討論，更不容許就政策發言。

國民黨從全國代表大會，到中央委員會，再到中央常務委員會，上面還有主席、副主席的組織型態，全盤抄襲共產黨，其實徒具中央集權之名，從未發生什麼帶領民意的作用。地方黨部與省市政府平行，合作的事例少，互相掣肘的時間多。這套違背民主精神的制度，早該被丟到垃圾箱去，讓各級民主代議制度充分發揮憲法賦與的職權。中央黨部縮編，地方黨部改由當地民意代表領導後，黨的活動才能與現實政治相結合，民主才能落實。

以此作為國民黨改造的方向，「王馬之爭」就不是問題。馬英九競選黨主席也就具有實質改造的意義。不論美國或其他民主國家，國會議長的地位崇高，美國眾院議長在總統與副總統無法視事時，是第一順位的代理人。每次總統大選後，如果朝野不同黨，他就是名正言順的在野黨領袖，不需要再競選什麼黨主席。無論王金平院長是否決定與馬英九競爭黨主席的職位，他現職的重要性不會被任何人忽視。

國民黨下屆主席應該是推動改造的原動力；他的任務應該是挑戰日漸墮落的民進黨，而非抱殘守缺，「鞏固領導中心」，等待重新執政的機會。這種破舊布新的工作，要年輕人才有勇氣去做。說馬英九太年輕，是昧於國民黨的歷史。孫中山就任中華民國臨時大總統時，只有四十七歲。蔣中正做總統雖比較晚，但他擔任軍事委員會委員長時，已掌握國家的實際權力。西安事變使他成為全國公認的唯一領袖時，他也只四十九歲。

九、《沒有寬恕　就沒有未來》序

（原刊九十四年元月・台北）
（本書於九十四年二月由左岸文化出版社出版）

一九九〇年二月，南非當時的白人總統戴克拉克（Frederik Willem de Klerk）向國會做出歷史性的重大宣布：執政的南非國民黨（National Party，簡稱NP）政府在慎重考慮後，決定無條件釋放繫獄長達二十七年的曼德拉（Nelson Rolihlahla Mandela），並取消對非洲民族大會黨（African National Congress，簡稱ANC）、泛非大會黨（Pan-Africanist Congress，簡稱PAC）、與南非共產黨（South African Communist Party，簡稱SACP）的禁令；此後這些原被認為非法意圖顛覆政府的團體將可合法活動了。

這件驚天動地的新聞，餘波蕩漾，也影響到台斐關係。同年八月，我奉令調任駐南非大使。外交官職務調動有許多繁雜的手續，我在中美洲擔任駐瓜地馬拉大使九年，手頭經辦的許多事項需要結束，其中包括與尼加拉瓜密洽恢復邦交的談判；行前從總統到各部部長與外交團同僚處要一一辭行；接受瓜國總統款宴並授勳；雙十國慶酒會邀請了一千多位賓客，仍須我們夫婦親自主持；所以直到十月中旬，才啟程返台。回國後要宣誓就職，晉謁各級長官請訓，到外交部閱讀近幾年中斐關係的卷宗，接受行前任務指示，又拖到十一月中旬才得赴任。

使節新抵任所，瑣務更多。首先要等駐在國外交部排定日期呈遞國書，取得大使身份；然後才從國會議長、最高法院院長、各部部長起，到各國駐斐使節、各界重要領袖、旅斐僑領等，逐一拜會請益，建立個人友誼。南非一九〇五年成立聯邦 (Union of South Africa) 時，因國土廣達 1,219,912 平方公里，是台灣的三十四倍，故意把三個治權機關分置三地以求平衡：行政部門的首都設在川斯瓦省（Transvaal，現改稱豪登省 Gauteng）的普里托利亞 (Pretoria)，職掌司法的最高法院設在橘自由省（Orange Free State，現改稱橘省 Orange State）的布魯芳登 (Bloemfontain)，而代表立法權的國會則設在開普省 (Cape Province) 的開普敦 (Cape Town)。

開普敦與普里托利亞相距一千六百公里之遙，坐飛機須整整兩小時。國會循例每年二月集會，總統和各部部長都搬去那裏辦公。在白人執政時代，個把月就可休會；政權轉移後，會期越拖越長，有時我一年中有三分之一時間要住在開普敦。費這麼多篇幅細述調任經過，是為使讀者瞭解，當大使並非穿戴整齊，成天在雞尾酒會或晚宴中交際應酬，或躲在使館裏抄報紙寫密電，向外交部呈報政情，就算盡了責任了。大使工作的重心，是在最短期間打進駐在國的權力核心，瞭解時刻變化的政治情勢；同時更要善盡溝通職責，隨時促進兩國各方面的合作，真正成為兩個政府與領導人間的橋樑。

英格蘭教會與聖公會

初抵開普敦，除國會議長與開普省省長外，我首先拜會的人就是屠圖大主教（Archbishop Desmond Mpilo Tutu)。一般人對南非瞭解不多，常誤以為屠圖是全斐唯一的宗教領袖，其實有些差距。南非總人口依照美國中央情報局最新統計為四千二百七十萬人，其中廣義的基督教徒固然佔百分之四十八點七，依照南非種族關係研究所(Institute of Race Relations)資料，計達二千零八十三萬餘人，但這是新教各教派與天主教徒的總數。各派中信徒最多的是五花八門的非洲本土教派(African independent churches)，人數幾佔總數三分之一。屠圖所屬的英格蘭教會(Anglican Church)，連分裂的三個更小教派共僅一百一十七萬六千人，亦即廣義基督教徒中的百分之五點六。只因他曾獲一九八四年諾貝爾和平獎，又是首位黑人擔任白人教會的最高職務，聲望超越國界，很多人才有這種錯覺。

英格蘭教會原是英王亨利八世（Henry VIII）從天主教分裂出來的一支，政治意味濃厚。英國國王的正式頭銜中，首先必稱「衛教者」(Defender of the Faith)，其次才稱「英格蘭、蘇格蘭與北愛爾蘭聯合王國國王」(King of the United Kingdom of England, Scotland and Northern Ireland)，下面再接「印度皇帝」(Emperor of India)與一大串其他頭銜。大英帝國統治殖民地的傳統就是分而治之，英裔人在南非白人中只佔三成，所以故意任命畢生反對種族歧視的屠圖為南非的大主教，讓他去和斐裔人主持的政府唱反調，也是一種政治手腕。

同是英格蘭教會，在中文裏卻變成「聖公會」。因為它從英國傳到美國後，不能再以英格蘭為名，故稱 Episcopal Church。再傳來中國後，依此字的希臘文原義，譯作聖公會，但如此已完全失去與英格蘭教會的關連。我為這譯名困擾很久，特地請教周聯華牧師。他說，正確的名稱應從音譯，稱為「安立甘宗」，但如此譯法無人能懂。如使用聖公會，又無從反映這個職務在南非的特殊政治背景，可見翻譯之難，只能仍稱英格蘭教會，在此解釋它的真正含意，作為註解。

複雜的人種與歷史

南非人種複雜，所信奉的宗教自然也各有其歷史背景。開普省有許多馬來亞族，信奉伊斯蘭教，每逢中東地區有事，他們總會出來聲援巴勒斯坦或伊拉克。東北部的夸祖魯・那他省 (QuaZulu Natal) 有一百萬印度裔人，則信奉印度教。有趣的是舊南非法律中所謂亞洲人 (Asian)，只指印度或巴基斯坦人的後裔，而日本人與華人不在其列。黑人中不論屬於哪族，教育程度較高者雖是廣義的基督教徒，仍有相當比例的老派黑人不信這些外來宗教，生病時寧可找傳統巫醫，來驅除附身的惡魔。

國人對非洲最大的誤解，是認為南非的「種族歧視」(racial discrimination)，不外白人壓迫黑人而已。但事實遠比這種簡單的二分法複雜。我到後才發現，白人自身之間不但有種族歧視，且有很深的歷史仇恨存在。十七世紀從歐洲最早移民非洲最南角開普敦的是荷蘭人，當時目的只為從大西洋繞道印度洋，前往荷屬東印度群島（Dutch East Indies，今天的印尼）漫長航程中，能有個補充飲水與新鮮蔬果的中途站。荷屬東印度公司在好望角 (Cape of Good Hope) 正式殖民，是一六五二年的事。後來少數法國 Huguenot 人因反抗宗教歧視，也來到開普敦，以種葡萄釀酒為生。

一八〇六年，大英帝國為保持與最大殖民地印度的航線暢通無阻，攻佔了開普敦。其後又步步進逼，居住在好望角已百餘年的這批以荷裔為主的布爾人（The Boers，意謂農夫）現統稱斐裔人（他們已視非洲為故鄉，所以自稱 Afrikaners）開始集體向北方遷移，南非史稱為「偉大的遷徙」(The Great Trek)。他們建立了兩個獨立國家：橘自由省當年是個自由邦，與曇花一現的南非共和國，亦稱布爾共和國 (The Boer Republic)；兩者都曾獲得與英國敵對的歐洲國家的正式承認。但一八六七年，開普省北部的金伯萊市 (Kimberley) 發現蘊藏大量鑽石，一八八六年普里托利亞與約翰尼斯堡 (Johannesburg) 之間又找到世界最大的金礦，英裔人大批湧入淘金。一八九九年，終於爆發了有名的「布爾戰爭」(The Boer War)。

布爾戰爭不但把南非帶進二十世紀，它在軍事史上也佔有一席之地。游擊戰術與囚禁俘虜的集中營都是那次戰爭時發明的。英軍把俘獲的婦女兒童關在普里托利亞的集中營裏，因疾病與營養不良而死者據說逾四萬人，斐裔人永遠不會忘記這筆血帳。此後南非聯邦成立，斐裔人雖佔白人中七成，執政權與經濟大權卻始終操在少數族群的英裔人手中。直至一九四八年的國會選舉，以斐裔人為主的國民黨才奪得政權，但所有大企業與銀行始終被英裔人壟斷，斐裔人只是貧困的小市民。兩個族群間的明爭暗鬥，至今猶未停歇。

斐語實為多數語言

斐裔白人當政後，正式推行「種族隔離」(Apartheid) 制度，表面上似與種族歧視有別，實際更為徹底。NP政府通過了「集居區域法」(Group Areas Act)，強迫黑人遷入指定的地區，美其名為讓他們建立獨立的黑人國家。一九六六年，史瓦濟蘭 (Swaziland) 與賴索托 (Lesotho) 率先獲得獨立，加入了聯合國，至今仍維持原狀。但其後陸續「獨立」的四個家邦 (home lands)：波布塔扎那 (Bophuthatswana)、文達 (Venda)、川斯凱 (Transkei) 與希斯凱 (Ciskei) 始終未獲任何外國承認，反而變成南非的負擔，現在又都併回南非了。

斐裔人說的話稱為斐語 (Afrikaans)。很多人以為它就是荷蘭語，其實不然。荷蘭人早年殖民開普敦時，男女人數不成比例，與黑人所生的混血兒稱為雜色人 (coloreds)，今天佔全國總人口百分之八點五。之後白人因耕種需要，又從荷屬東印度與西非各國引進許多賤價勞工。這些人學荷語都有相當困難，為便於互相溝通，逐漸發展出一種源自荷語，但摻雜了太多外來語彙，文法則較正統荷語簡化許多的語言。今日南非人到荷蘭，如果說斐語，往往會讓荷蘭人笑個不停。但在南非，因為斐裔人與雜色人都只說斐語，它是百分之十五人口的母語，在十一種官方語言中高居首位。

斐語可能是世界上歷史最短的語言。一八七五年，開普省 Paarl 鎮一位中學荷語教師 Arnoldus

Pannevis 才創立第一個研究斐語的團體，試圖統一拼音與文法。第二年，首張斐語日報《愛國斐人》(*Die Afrikaanse Patriot*) 問世。直到一九二五年，南非政府才正式頒布法令，承認斐語與英語同為官方語言，取代兩百多年來已經變得面目全非的荷蘭語。

能說英語，在南非固然可到處通行無阻。但南非全國真正以英語為母語的人數，仍略低於總人口百分之十，只算第二位，可見這國家種族之複雜。除斐語與英語外，依照南非一九九六年新憲法，尚有恩得貝勒 (Ndebele)、培第 (Pedi)、索托 (Sotho)、史瓦濟 (Swazi)、宗噶 (Tsonga)、扎那 (Tswana)、文達 (Venda)、柯薩 (Xhosa) 與祖魯 (Zulu) 九種官方語言，它們代表九個種族。由此也可看出，南非不但白人與白人間有仇恨，黑人各族間更積不相容。

族群紛爭影響政治

這九個黑人種族中，人數最多的是柯薩族；曼德拉與現任總統姆貝基 (Thabo Mbeki) 都是柯薩人。十九世紀時最驍勇善戰的則是祖魯族，有名的祖魯王夏卡 (King Shaka) 不但奴役其他各族，並曾大敗英軍於 Islandhlwana。英國統治期間實行懷柔政策，承認祖魯王的傳統地位，但剝奪了所有實權，南非獨立後一仍舊貫。現任祖魯王 King Goodwill Zwelithini ka Cyprian 與他的首相布特萊奇 (Chief Minister Mangosuthu Gatsho Buthelezi) 後來和我都成了熟朋友。國王娶第五位王妃時，一百位外國大使中只邀請了兩位觀禮，我是其中之一。

布特萊奇也是夏卡王的後裔，就讀黑人高等學府海爾堡大學 (Fort Hare University) 歷史系時，原為ANC青年團團員，強烈反對種族歧視。他後來組織印卡塔自由黨（Inkatha Freedom Party，簡稱IFP），雖繼續與白人政權抗爭，卻為保護六百萬祖魯人的利益，認為應以和平手段爭取自由，反對ANC的武裝革命策略。我在南非前幾年裏，每逢黑人城鎮索維托 (Soweto) 有反對NP政府的大遊行時，印卡塔黨常藉題在約翰尼斯堡唱對台，數以千計的祖魯人穿著傳統戰士服裝，揮舞盾牌與長矛，路人側目，我曾遇見過好幾次。

本書〈序幕〉一章中，屠圖指責印卡塔自由黨最初揚言抵制南非大選，可能引起內戰，但最後布特萊奇接受了神秘人士的調停，使一九九四年四月的民主選舉得以順利舉行；坦白而言，有些過甚其詞。印卡塔黨與布特萊奇不但全心參與南非的民主化過程，曼德拉就任總統後，任命布氏為內政部長，至今仍然在位。祖魯族故鄉的夸祖魯・那他省長一職，向由該族人出任，已成定例，都顯示ANC政府不得不重視祖魯族的程度。

南非民主化的過程跌跌撞撞，我有幸坐在前排貴賓席上全程觀察。歷經兩屆「民主化全國協商會議」(Convention for a Democratic South Africa，簡稱 CODESA I & II)，南非共產黨總書記哈尼 (Chris Hani) 被刺事件，二十六個黨派參加的「政黨論壇 (Multi-party Forum)」，ANC主席湯玻 (Oliver Tambo) 逝世，以至成立過渡時期執行委員會（Transitional Executive Council，簡稱TEC），籌備選舉後政權移轉，幾年裏驚險百出，終賴黑白雙方領導人的智慧，不曾發生內戰。政客們這段艱苦談判時期，屠圖謹守神職人員出世原則，並未參與，這是他聰明的地方。

一位主教的成長過程

我從未問過屠圖他是哪一族人。為寫此序，曾請教南非駐台北的 Horst Brummer 代表，他也答不出來。屠圖一九三一年生於川斯瓦省的小城 Klerksdorp，推測如非扎那族就是索托族。他因為受的是英語教育，斐語不甚流利。十二歲時，全家搬到約翰尼斯堡居住。他原想學醫，家裏供應不起昂貴的學費，只好改讀兩年制的師範專科。白人政權時代，黑人學校水準極為低落，他在約堡專供黑人就讀的 Johannesburg Bantu High School（Bantu 意指黑人或其語言）教了兩年書後，憤而辭職，改修神學。一九六一年畢業，受洗為英格蘭教會的牧師。他在教書時與麗雅 (Leah Nomalizo) 結婚，有子女四人，依序為 Trevor Thamsanqa、Theresa Thandeka、Naomi Nontombi 與 Mpho Andrea。

那年，他被聘到海爾堡大學專任牧師，接觸了許多熱血沸騰的黑人青年，使他決心以反對種族歧視為終生志業。申請到獎學金後，他到倫敦的皇家學院 (King's College) 進修了四年，獲得學士與碩士學位。一九六七年他回到南非，曾上書當時白人總理伏斯特 (Baltharzar Johannes Vorster)，痛陳種族隔離制度之不當，說南非像個「隨時可能爆炸的火藥桶」，伏斯特未予理會。一九七二年他又回到英國，加入國際性的世界教會聯合會（World Council of Churches，簡稱WCC），擔任該會附屬的神學教育基金 (Theological Education Fund) 的副執行長。

WCC是全球基督教會的聯合組織，立場傾向自由主義，影響力無遠弗屆。三年後，屠圖就奉派回南非，成為約翰尼斯堡聖瑪麗大教堂 (St. Mary’s Cathedral) 歷史上首位黑人的執事長 (Dean)。一九七六年，調任賴索托王國的主教。兩年後，當選南非教會聯合會 (South African Council of Churches) 秘書長。WCC的用意很清楚，這些清高的教會職務可以使屠圖得以公開批評南非的種族隔離政策，不受情治或司法機關的威脅干擾。

基於同樣的自由主義立場，挪威的諾貝爾獎金委員會在一九八四年頒發給他諾貝爾和平獎。從此屠圖如虎添翼，兩年後英格蘭教會正式任命他為南非大主教，破除了過去只有白人才能擔任斯職的傳統。頂著諾貝爾獎的光環，他可以堂皇地住進「主教庭」(Bishop’s Court，開普敦郊外高級住宅區，因區內有主教官邸而得名)。依照法律規定，他是不准住在那裏的。但就英格蘭教會規定而言，大主教職位不但相當於省長，排序還在省長之前，所謂「領袖同儕」(First Among Equals)，地方官當然不敢惹他了。

從委員會主席到退休

屠圖擔任真相與和解委員會主席期間的見聞，特別有關斐裔右派團體、情治機關以及國防軍的種種劣跡惡行，本書有詳盡的敘述，留待讀者自己去慢慢體會，無庸詞費。他雖已竭盡所能，外界仍難免有些批評。他對曼德拉前妻溫妮（Nomgano Nobandla Winnifred Madikizela-Mandela，但別人都叫她溫妮，黑人則叫她Mama）的罪行曲意維護，在ANC內部都有許多不滿的聲音。她雖已與曼德拉離婚，仍被選為國會議員，兼為ANC中央執行委員。我想屠圖對她的案子沒有追根究柢，完全出自對曼德拉的尊敬，並無其他考慮。

我所認識的屠圖大主教，是一位充滿正義感，對世上任何不寬容或不民主的事物都會大聲抗議的人。他看不慣所有的獨裁政權，反對任何形式的壓榨與迫害。對於中東的以巴糾紛，他公開站在巴勒斯坦這邊，指責以色列正在推行另一種形式的「種族隔離」政策；雖然美國許多猶太人團體對他大張撻伐，他也全不在意。緊鄰南非的辛巴威(Zimbabwe)總統穆嘉貝(Robert Mugabe)雖曾沒收白人大地主的財產，卻為尋求連任百計壓迫反對黨，屠圖罵他是「漫畫裏的非洲大獨裁者」。前年他批評布希總統出兵攻打伊拉克，認為那是一場「不道德的戰爭」。對於美國聖公會打破傳統，首次晉升一位同性戀的牧師為主教，他卻說「不值得大驚小怪」。

真相與和解委員會的工作結束後，澳洲曾以雪梨和平獎(Sydney Peace Prize)頒給屠圖，表彰他對和平的貢獻。去年，他還回到英國他的母校，以訪問教授的榮銜發表皇家學院一百七十五週年慶典的主題演說。

他是個閒不下來的人；一九九八年，他先在開普敦成立「屠圖和平基金會」(Desmond Tutu Peace Trust)，次年改為「屠圖和平中心」(The Desmond Tutu Peace Center)。繼而於二〇〇〇年在美國紐約成立同名的機構，取得免稅資格，以募款辦理推動世界和平工作。看來雖患有前列腺癌，屠圖似乎還想在他一生所餘的幾年裏，做些使這個世界更美好的事。

十、取消包機限制　二月一日看謝揆

（原刊九十四年一月二十九日《聯合報》）

新內閣新形象的第一炮

謝長廷受命組閣幾天來，發言既穩健又有點新意，相對於他的前任而言，給了國人「這回真好像不太一樣」的感覺。但所謂「非零年代」或「合作共生」等等理念，涵意究竟過於抽象，一般老百姓恐怕難以瞭解。謝院長既然知道民心趨向，應該在就職當天，做出一兩樁人人都能懂的事來，顯示他領導的行政團隊儘管更動不大，卻與前兩屆作風確有不同，沒有說一套，而做的又是另外一套。

最簡單且容易贏得大家喝彩的事，莫如推翻陸委會在搭乘春節包機旅客資格與包機飛行路線兩點上，所訂出的蠻橫無理、只給自家人製造不便的規定。

所謂「雙向、對飛、不落地」的原則，本是台灣方面提出的，問題出在當時似乎忘記了台商都住在大陸，大家都想回台灣過年。相反地，台灣並沒有大陸商人要趕回對岸去過年！重重的限制，就只會為難自家人。

今天大陸六家航空公司來台的首航包機，每架都客滿，大陸空姐服裝亮麗，笑容可掬，出盡鋒頭。相形之下，從台灣起飛去大陸的包機則像打腫臉充胖子，境管局核准旅客名單太遲，以致訂位情形明顯略遜一籌。短期來回的旅客習慣上都買雙程票，所以春節後從台灣飛往大陸的包機市場，恐怕仍將是大陸航空公司佔便宜。表面上雖然平等，台灣六家公司卻有冤無處訴。任何一個政府商談貿易或航空協議時，都儘量讓自方公司佔點小便宜，唯有台灣卻反其道而行之。

昨天據聞陸委會又堅持，所有往返包機不能只經過香港航空管制區邊緣就算數，必須在赤臘角國際機場上空繞幾個圈，才能續往目的地。這真是不懂航空管制者所說的外行話。全世界所有國際機場上空都擁擠異常，應該抵達的班機常須在上環繞飛行，等待塔台的指示降落；地面排隊等候的班機更常因此而延遲起飛，耽誤旅客的寶貴時間。台灣不能幫忙反而去添亂，損人而不利己，真是何苦來哉。

問題出在哪裏？很簡單，早從李登輝時代開始，陸委會在場面上好話說盡，實際執行的卻是台獨基本教義派的「閉關」政策。大陸政策能拖則拖，實在不能拖則緊縮範圍，增加不便，變成門雖設而常掩。已故的辜振甫先生與歷任海基會秘書長對此猶如寒天飲冰水，點滴在心頭，卻苦於無法說穿點破。現在整體氣氛總算有點變化了，陳水扁元旦祝詞的「四個只要」中，包括「只要有助於兩岸的和平」一項；他更宣示將秉持「立場堅定、務實前進」的政策路線，追求「海峽兩岸長遠的和平發展」。

總統既有話在先，行政院長正可體察上意，率先執行。他只要在二月一日宣布，取消搭乘春節包機資格的限制，不但台生可以乘坐，一般旅客也都能享受同樣的方便；有關往返包機的飛行路線，只要曾飛經香港飛行管制區就夠了，替旅客節省時間與票價。如此一來，民間會歡聲雷動，航空公司更將歌功頌德。別看這只是雞毛蒜皮的小事，它所代表的意義卻能改變許多人對新行政團隊的印象與期望。

第一炮打響了，就可順理成章地推動下一步三通。先從貨運直航著手，振興高雄港的貨櫃業務，對南部選民有加分效果。等對岸有善意回應，就可把端午節包機改成經常性直航。三通的成敗才是謝內閣有無誠意的試金石，與兩岸關係能否回歸正途的關鍵。

十一、龔弘《影塵回憶錄》序

（原刊九十四年二月・台北
（九十四年四月・皇冠出版社出版）

與龔偉岩兄最後一次見面，是兩年多前初春，我們在美過舊曆年後，小珍與我從紐約市以北的女兒家裏，開了一小時多的車，到皇后區法拉盛的療養院去探望他。那天他精神很好，還與小珍開了不少玩笑，聊了許久，才互道珍重而別。去年四月他謝世後，天益、天行兄弟在台北舉辦追思禮拜，我卻因摔跤造成左腿股骨碎裂性骨折，在台大醫院開刀住院半月，剛出院回家的第二天，無法親自參加，至今引為憾事。

偉岩兄是中央政治學校第七期新聞系的老大哥。我進學校比他晚許多，主修學系也不同，直到民國四十五年兩人同進新聞局工作才相識，一眨眼已四十九年。政校校訓「親愛精誠」並非說說而已，早期校友確實身體力行。我們一見如故，數十年從未有絲毫芥蒂，雖與先後同校有關，主要仍因兩人有許多共同的信念、興趣與愛國心。

新聞局長沈錡那時身兼蔣總統英文秘書，整天忙得不可開交，局中事務由副局長朱新民和他兩人擔負主要責任。新民兄雖比較世故些，也有一顆赤子之心。偉岩兄更從不擺主任秘書的架子，任何事該怎麼做就怎麼做，從不口是心非。在他以身作則的榜樣下，總務與會計部門也一反行政機關常見的只知逢迎主官，對其餘同事則處處挑剔作難的壞習氣。全局上下那時真是一團和氣，大家像兄弟姊妹一般，毫無傾軋排擠的現象，也沒有吹牛拍馬的風氣。我能在新聞局工作二十五年，這是最主要的原因。

回憶我們兩人的交情，有三件事令我至今難忘。依時間先後為序，第一件發生在進新聞局後不久，他恐怕忘記有那回事了，所以口述時隻字未提。第三件則他雖然記得，口述時還遺漏了些細節，需要再作補充。

第一件約在民國四十六年左右。那時全國上下對什麼叫做國際宣傳，可云全無觀念。因此新聞局在當時衡陽路的新生報大樓，舉辦了一個「國際宣傳展覽會」，用圖片與簡單的文字說明，解釋國際宣傳該怎麼做，如何才能以最少的經費收最大的效果。今日各機關辦展覽會，都外包給傳播公司代辦，不惜浪費公帑，弄得漂漂亮亮；主官只需到場剪綵，陪上司巡視一周就了事。但當年政府經費拮据，哪敢想像這樣的奢侈，何況民間也沒有一家像樣的傳播公司，只有一切靠自己動手。

那時新聞局總共才三十幾人，主管國際宣傳的第二處連我只九人，已是最大的單位。所以全體動員，到開幕前夕，偉岩兄和我在會場親自動手布置，修改展示，通宵不曾闔眼。次晨九時，局裏開主管會報，兩人從衡陽路步行回寶慶路局裏，遲到了幾分鐘；向來準時的沈局長不知道我們徹夜未眠，還說了我們幾句。我與坐在對面的偉岩兄相視而笑，莫逆於心，雖然一句話都沒說，那種溫暖的同志感，今日回想，可說是兩人訂交的基礎。

第二件是民國五十年拍攝的「清明上河圖」紀錄片。正如本書第八章所記，新聞局在雇用外國人為我宣傳多年後，開始自己拍攝短片，是史無前例的嘗試。當時究竟以什麼為題材，各有各的主張，莫衷一是。萊特公司贊成拍一部以人民生活為題，富有人情味的短片，但這樣做與該公司替我國已經拍過的軟性宣傳片，並無二致。有人要以黃自的「旗正飄飄」為題材，自然免不了許多激昂的軍事鏡頭，我又怕它太硬性了，國外恐難接受，因而躊躇許久。

是偉岩兄力排眾議，堅持拿一張清朝內廷工匠仿宋人張擇端風格，畫給皇帝一個人看的工筆「清明上河圖」，作為整部紀錄片的題材。張擇端的原畫早已無存，這幅幾百年後模仿的橫幅，高不滿一尺，雖有兩丈多寬，但一部長達半小時的影片，扣除電視放映時須預留給廣告的時間外，還有二十七分三十秒之多。視覺傳播的電影是以秒為計算單位的，鏡頭只在同一張畫上轉來轉去如此之久，會不會使人厭倦，認為製片人在拖延時間？偉岩兄和我最後雖這樣決定，兩人實在都捏了一把冷汗。這件事證明了他確有高人一等的藝術眼光，他的才華在接掌中央電影公司後完全呈現，與這部紀錄片確實有點因果關係。

第三件則關係第十四章「小白電影」裏提到的白大導演。偉岩兄誤以為小珍曾就讀國立師範大學，和此人有同學之緣。其實我太太畢業於東吳法律系，本來不認識白景瑞。我們有次在西門町紅樓劇場看一齣話劇，已忘其名，小白在裏面演個小混混，給我們兩人印象深刻，但從未交談過。直到民國五十一年，我獲得聯合國一筆獎助金，去歐考察觀光宣傳三個月，在義大利停留的六星期裏，除臨時奉命代表政府出席坎城影展外，巧遇正就讀於電影學校的白景瑞。他花了一整天帶我參觀羅馬的電影城，解釋各種設備與正在拍攝影片的現場，我們才算初次認識。

五十二年夏，我被派往紐約，以駐美大使館參事名義兼任駐紐約新聞處主任。白景瑞從學校畢業後，也來到紐約，在餐館打工。有天來新聞處看我，我問他：國內電影界無人曾在國外學過電影製作。你既有這樣的學歷，畢了業為何不回國工作，要在美國靠端菜盤子餬口呢？他囁囁嚅嚅地說，台灣的電影界沒有認識的人。我說那不要緊，好友龔弘剛接中影公司總經理，待我寫封信試試看。信去後，不到兩星期就接到偉岩兄覆函，要他去當製片部經理。這下反而嚇住了小白，自覺毫無製片經驗，不知能否擔得起這樣重大的責任。

我鼓勵他說，你並未要求任何職務，是龔總經理主動邀你去中影的，不妨先回國報到；實在幹不下去時，可以老實向龔先生陳述，他一定會瞭解。白景瑞於是硬著頭皮回台，靠他在羅馬學到的實際製片技術，一舉而登大導演的寶座。這個真實故事最能說明偉岩兄用人只問有無能力，不但知人善任，而且全力支持，使能盡展所長的個性。有伯樂而後才有千里馬，古今中外都是同一道理。

台灣從一無所有的落後國家，發展成今天的後工業社會，每個行業都有它不可磨滅的貢獻。電影作為第八藝術，最能代表全民的文化氣息與文明成就。偉岩兄的一生，正是在這個偉大時代裏，以個人耕耘融入整體努力的榜樣。

十二、還宋楚瑜一點清白

綠營操縱　媒體一窩蜂

五十年前，我就讀哥倫比亞大學新聞研究所時，教師都是紐約各報頂尖的現任採訪與編輯老手。他們在課堂上不斷強調：新聞寫作的要點就是報導要忠實，不能摻雜絲毫個人意見或評論，更不應猜測別人心裏怎麼想。「新聞歸新聞，意見應該屬於社論版」是美國新聞從業者的金科玉律。

七年前，我從南非歸國時，中央通訊社邀請我向社內同仁演講。別人都以為我會談南非，我卻選擇以台灣新聞界的現狀為題，擔憂那時就有的在報紙上假「深入分析」或「新聞幕後」為名，夾敘夾議地評論時事；許多避不說明來源的新聞，固然有些是政治人物的刻意放話，但也有不少僅以「高層人士」或「據確悉」等字樣，粉飾或掩蓋捕風捉影的報導。這些做法很易混淆新聞與評論的明確界線，不足為訓。

三個多星期來被炒作得天翻地覆的「橘子變綠了」新聞，就是最好的範例。

（原刊九十四年一月十七日《聯合報》）

仔細研讀各報描繪親民黨與民進黨「眉來眼去」的報導，若非綠營人士故意放出的空氣，就是記者們受一窩蜂心理的影響，既然大家都說「曾參殺人」，我如不寫就好像漏了大新聞。在各電視台政論或叩應節目裏，這種預設觀點尤其明顯，侃侃而談的政論家與「資深媒體人」，放言縱論「民親合」的得失成敗，彷彿他們是陳水扁或宋楚瑜肚裏的蛔蟲。傳出宋楚瑜要去華府了，他們更興奮無比，把美國對台灣的影響力誇張到難以置信的程度，不但有損主權國家人民的自信心，也與實際情形有相當出入。

這些天來，「報派」給宋的各種職務，弄得老百姓頭昏眼花。不少人以為陳水扁確已釋出善意，宋楚瑜真可能接掌行政院了。等宋在華府的國親聯合辦事處招待國內記者後，真如迎頭澆下一盤冷水。其實平心靜氣想想，自去年底出國到現在，包括因蔣方良逝世回來致祭的那兩天，宋楚瑜對媒體說過一句話嗎？沒有。大家怎麼會被民進黨幕後操縱的左道消息，誤導到這種地步呢？

綠營恐怕還會堅持說，宋楚瑜仍將出掌「兩岸和平發展委員會」。其實陳水扁口中的「和發會」，與親民黨所提，已經付委的「海峽兩岸和平促進法草案」完全是兩碼事。親民黨版的兩岸和平委員會，假如立院辯論後照案通過，根據該法設立的「和委會」應由各政黨推薦委員，再由委員互選一人為主委。該會將設於立法院之下，不歸總統或行政院管轄。國親兩黨既已佔立院多數，他們和無黨籍聯盟推薦的委員有足夠的票數，如果宋楚瑜有興趣，可以保證當選。陳總統支持或不支持，根本扯不上關係。

本文並非替宋楚瑜辯解，因為他既沒做錯什麼事，也並未自食前言，媒體理當還他一點清白，今後還請回歸客觀報導的原則，下筆或開講時不忘胡適的名言：「有一分證據，說一分話」。

十三、李登輝重遊　日人學老美……

（原刊九十四年一月六日《聯合報》）

立委選後，李前總統閉門不出，卻在破除萬難，重遊他夢寐以繫的日本後，這位「台獨之父」與他的繼任人在總統府長談兩小時半，其中有段時間還召謝長廷來參加。不論所談何事，再次證明了薑是老的辣。至於葫蘆裏賣的是什麼藥，國人這幾天便會知曉。

問題是：李登輝現在的影響力，還像他做總統時一樣嗎？從他在日本的遭遇便可看出端倪。他訪日的七天裏，日本的李友會與扁友會發動千人在機場迎送，大批台灣媒體記者前呼後擁，寸步不離。唯有日本政府毫不領情，表面上雖然禮數周到，派遣大批便衣人員「護衛」他的安全，其實是要確保他和記者間除寒暄問好外，不准有隻字片語涉及政治，更別提他最想趁機發揮的台日關係了。

日本人這次學了美國處理陳水扁過境的辦法，不許李登輝到東京，只許他去關西重鎮的京都。即使在京都，也不讓他踏入母校京都帝大一步。若照他從前的性格，早就會批評「日本政府眼裏只看北京，太注意北京臉色」（李著《經營大台灣》第四〇四頁）。但這次他除了堅持在校門前拍照留念外，既沒有發脾氣，回國後也裝成若無其事的樣子。可見這種「名為保護，實同管束」的安排，早在他從交流協會台北事務所領到簽證時，就已說明清楚。一個願打，一個願挨，沒什麼好說的。

他這次有沒有見到日本政府部長級或較低階的官員呢？由於內閣官房長官細田博之曾公開警告在先，肯定沒有。日本政界那些大老與國會重量級議員中，有無趁新年假期之便，私下和他見面密談的呢？據隨行的日本駐台記者說，未曾見到一位。以台灣記者見縫就鑽的本領，如有其事，應該早已喧騰人口了。

日本此次不顧大陸嚴重抗議，發給李登輝觀光簽證，所持理由是李氏年逾八旬，退休已滿五年；去年底的立委選舉，證明他的號召力大不如前；基於「人道立場」，特予照准云云。日本原計畫從今年三月起，配合愛知博覽會的半年會期，開放持我國護照者免簽證入境。與其屆時對李登輝單獨以個案處理，惹出不必要的爭議，不如趁早樹立先例。到三月櫻花季節時，如果李登輝想再去日本訪問，就可順理成章地，援例照發簽證了。

問題在於：日本政府的這把如意算盤，擋不擋得住北京排山倒海的壓力？大陸媒體此次抨擊日本發給李登輝簽證的同時，特別指出二〇〇五年的意義：它是割讓台灣的馬關條約的一百一十週年，逼使北洋政府簽署喪權辱國的「二十一條」的九十週年，在東三省建立偽「滿洲國」的六十五週年，與第二次世界大戰結束的六十週年。

胡錦濤搞大國外交成功，中共早非當年的吳下阿蒙了。北京手裏握有許多王牌：從阻止北韓發展核武的六國會談，到本月底開始的聯合國修改憲章會議，東京都有求於中共；而北京並無必須仰賴日本之處。三十年來，日本花費了幾百億美元援外，目的就在累積善意，等有朝一日聯合國修訂憲章時，讓它能擠進安理會常任理事國之列。在這件事上，中共挾五強之一的地位，可以發揮關鍵作用。台獨分子以為日本在界說美日安保條約所謂「周邊地域」時，能不露痕跡地將台灣包括在內；從東京公布的〈日本防衛政策〉全文，實在看不出來。

更深一層看，中國崛起後，東亞地區整體地緣政治形勢定將改觀。幾十年來日本純靠經濟實力建樹的領導地位，無疑會遭受挑戰。中日兩國之間各方面的競爭會愈演愈烈，發生齟齬只是遲早問題。日本這次放行李登輝所惹起的麻煩，豈旦未曾結束，可能才剛開始。

李登輝這次訪日有無實質收穫，總統府定已接獲駐日代表處的秘密報告，陳總統心裏也早有主見。扁李會有何具體結論，國人且拭目以待。

十四、新年三願：和解合作、改革司法、刷新稅制

（原刊九十四年一月三日《聯合報》）

毫無疑問，民國九十三年是混亂、也是令人失望、喪氣的一年。歲序更新，二〇〇五年來臨了，相信台灣絕大多數的人，對新年的期望與我沒有太大差別。

首先，人民期望台灣能走出政黨纏鬥、政府空轉的惡性循環。陳水扁元旦祝詞，提出「全面協商對話的年代」，值得稱許。但民間對總統的信用有點懷疑。他不能再像去年那樣，五二〇就職演說開了一大堆「團結台灣、穩定兩岸」的支票，到年底選舉前統統跳票！立委選後，陳總統變謙虛了，忽然願意「傾聽朝野政黨的聲音」。我誠心希望這次他能心口如一地，認真實踐他所說：「公平競爭，合作而不對抗；監督制衡，團結而不內耗。」而首要條件就是他自己能心口如一，不再說一套，做的卻是另外一套。

藍營雖在立委選舉獲勝，國親合反而遙不可及。人民投票給藍營，乃是期望有個團結強大的在野黨，才能制止執政黨的胡作非為。這些票並非對任何個人的無條件支持，更非給任一政黨討價還

價的本錢。違背這項選民基本意願的人，下次選舉時就會嚐到苦果。

其次，兩場選舉訴訟的結果顯示，台灣的司法並未真正獨立；多次民意調查同樣證明，國人對司法是否公正缺乏信心。陳呂當選與總統選舉是否有效，國親有權利而且應該上訴到最高法院。但為國家長遠前途計，也要同時用立法手段來根治行政權獨大使司法與監察權都受制於總統一人的缺失。這問題恐怕要動用修憲的大工程來解決。陳總統本就宣示要修一部適身適用的憲法，不妨順水推舟，以收事半功倍之效。

我國與各國不同，司法院與最高法院是兩個機關。大法官會議只管解釋憲法，為避免觸犯當政者，經常出現模稜兩可的意見。這種「和稀泥」的解釋方法，才使憲法真義越弄越糊塗。最高法院執掌第三審，法官循資歷陞遷，風骨凜然。要改革司法，唯有取消司法院與大法官會議，把釋憲權交給有豐富經驗的最高法院，才符合民主常規。

英美等國司法能超然獨立，癥結在於掌權的總統或總理無法影響最高法院與第二審法院法官的任免與調動。台灣只要把高懸頭頂卻看不見的這把寶劍拿開，法官無此顧忌，秉公斷案的可能性就會大增。我國最高法院與第二審法院推事已是終身職，只要再賦予免受行政權干擾的保障，應該能阻止總統大權獨攬。

最後也是立刻就該做的，是徹底做到稅制公平合理。全國首富蔡萬霖死後，喪葬費據說花了四億多，遺產稅會繳多少大家都很好奇。旅居國外的人，稅繳給外國政府，生了病卻回來享受台灣的健保福利。股市呼風喚雨的大亨乃至總統夫人，買賣股票所賺的大把金錢，不必繳證所稅。軍教人員待遇早與社會看齊，仍然免繳所得稅。難怪政府支出歲歲增加，而收入年年遞減，再拖下去，會把政府拖垮。

刷新租稅制度，不涉及黨爭，照說應該容易辦到。實際上卻因財團各有跨黨立委護航阻擋。從李登輝因土地增值稅計算基礎之爭，開掉王建煊的財政部長職務後，原地踏步了十幾年。希望反映最新民意的立法院，能在選民督促下拒絕關說，鐵腕推行整套辦法：依屬人主義修訂所得稅法，增列個人資本利得稅；對營利事業所得稅和遺產與贈與稅，均訂定最低必須繳納的稅率，杜絕富人和財團偷漏逃稅；取消軍人與教師的免稅資格；調整貨物稅，提高營業加值稅率。

執政黨如果真企求全面協商與對話，改革稅制與整頓財政是阻力最少、民意支持度最大的途徑。肯不肯做，就看政府有無誠意了。

十五、總統兼總理　引喻失義

依憲法增修條文　看台灣為內閣制　泛藍要據理力爭

（原刊九十三年十二月十八日《聯合報》）

陳水扁總統前晚以國宴款待馬紹爾群島共和國總統諾特 (Kessai Hesa Note) 時，語出驚人地說：「建議可以參考馬國憲政體制，從國會多數選出總統，組成政府。」害得府院黨各方人馬，忙不迭地替他解釋澄清，使媒體和民眾越聽越糊塗。

馬紹爾群島在哪裏？它是孤懸太平洋中的一串小島（稱為珊瑚鏈或更適當）構成的國家，約居夏威夷到澳洲的中途。總人口五萬八千人。嚴格而言，馬紹爾並無政黨。國會議員共三十三人，即每個有人居住的小鎮各選出一位議員。總統並非由人民直選，而是由國會議員互選一人出任，任期四年。諾特既是國家元首 (chief of state)，也是行政首長 (head of government)，但他的職銜只是總統，馬國並無「總理」這個名稱。「總統兼總理」只能說是即興感言。

台灣正在辯論依照憲法政治制度究屬何者，答案其實不難。憲法增修條文第三條固然明訂「行政院院長由總統任命之」，但這只賦予總統以「任命權」，並不包括選擇閣揆的權力。

試問日本首相由天皇任命，英國首相由女王任命，他們有選擇權嗎？歐洲從民主的法、德、義、西到君主立憲的比利時、荷蘭、挪威、瑞典，他們的總理都是由總統或國王任命的，這些總統或國王有選擇權嗎？答案很清楚，都「沒有」。國會裏哪個黨佔多數，他們就必須任命該黨黨魁組閣；如無一黨過半，就組聯合內閣。由此可見，國家元首的任命權與選擇行政首長之權，截然不同，不可混為一談。

更重要的，增修條文第三條第二款立即闡明：「行政院依左列規定，對立法院負責。」這一款下所規定的事項包括有：行政院須向立法院提出施政方針及施政報告；行政院對立法院通過的法律案、預算案和條約案提請覆議的程序；以及立法院提出不信任案的處理程序，若倒閣成功，行政院可請總統解散國會重選。這些規定明白顯示，現行憲法不論在精神上或文字上，很清楚地只能解釋為內閣制，沒有懷疑的餘地。泛藍應該據理力爭，讓憲法回歸增修條文的真正意義。

十六、我讀 *We Shall Not Fail*

（原刊九十三年十二月・天下文化出版公司《邱吉爾的領導智慧》中譯本。本文節略版刊於同年《書與人》十二月號）

這不是一本歷史，也不是一本傳記。如果要定位，只能說這是一本勵志的書；或者更精確一點，是給工商界領袖研讀的怎樣領導幹部員工的聖經。

邱吉爾（全名 Sir Winston Leonard Spencer Churchill, K.G.）雖是個眾所熟悉的名字，真正了解他一生事蹟的人卻並不多。國內初高中的世界歷史課本裏，頂多只提到他在第二次世界大戰時，領導英國奮戰不屈，終獲最後勝利而已；對他其餘的成就與榮譽，台灣今日的年輕人都有些茫然。

文采武功　高居二十世紀之首

邱吉爾家世輝煌，他的遠祖馬伯羅公爵 (The First Duke of Marlborough, 1650–1772)，十七世紀末至十八世紀初在英國史上赫赫有名。邱氏所著《馬伯羅公爵的時代與志業》(*Marlborough, His Life and*

Times) 一書，細述這位祖先如何從男爵 (Baron Churchill of Sandridge in Hertfordshire) 變成侯爵 (Earl of Marlborough)，再被封為公爵的經過，穿插他倒戈而致史都華王朝 (The Stuarts) 傾覆，英國改由橘朝威廉國王 (William of Orange) 執政的前因後果，至今仍是頗受稱道的傳記文學。他的父親 Lord Randalph Churchill 曾任財政大臣；邱氏出生於布蘭漢宮 (Blenheim Palace)，亦即馬伯羅公爵的府邸，是貨真價實的貴族；但到他那一代，已近中落，只剩空虛的頭銜了。

邱氏不但擊敗納粹德國，拯救了大英帝國，功勳蓋世；更難得的是，他著作等身，一共寫了四十四本書，其中自以《第二次世界大戰回憶錄》(*The Second World War*) 最為膾炙人口。這部厚厚六冊的巨著，分為《風雲緊急》(*The Gathering Storm*)、《最光輝的時刻》(*Their Finest Hour*)、《偉大的同盟》(*The Grand Alliance*)、《命運的關鍵》(*The Hinge of Fate*)、《緊縮包圍圈》(*Closing the Ring*) 與《勝利與悲劇》(*Triumph and Tragedy*)。不但是研究現代史的重要材料，也奠定邱氏在英文文學的地位，使他獲頒一九五三年的諾貝爾文學獎；古今中外政治家中，沒有第二個人曾獲得這樣的榮譽。

邱吉爾的母親 Jennie Jerome 是美國人；外祖母 Clara Hall 有四分之一的印第安 Iroquois 族人血統。他的另一部巨著《英語民族史》(*A History of English-Speaking Peoples*)，分為四巨冊，多少有點經營對美關係的味道，比起來就稍見遜色了。因為這部書，美國國會一九五〇年通過特別法案，贈予他榮譽美國公民的身份。邱氏真正可傳世不朽的，是他的演講集。從一九四〇年《不列顛空戰》(*The Battle of Britain*)，到一九四六年在密蘇里州首先使用「鐵幕」(the Iron Curtain) 一詞的那篇，全都擲地有聲，令人反覆朗誦，難以忘懷。

傳奇一生　歷經多次戰爭

像他這樣的世家子弟，有如此深的文學造詣，總會進如伊頓 (Eton) 那樣的預備學校就讀，然後到牛津或劍橋大學深造吧，卻又不全盡然。邱氏生於一八七四年，正值大英帝國全盛時代，當時的貴族後裔以統兵遠征、建功立業為志願，所以他從哈洛公學（Harrow 實為私立的貴族學校）結業後，自願去讀軍校 (Royal Military Academy at Sandhurst)，畢業後被派到輕騎兵第四團 (The Fourth Hussar Regiment)，官拜少尉。

他一生最愛趕熱鬧，哪兒有戰亂他就去哪兒。一八九五年，他志願遠赴古巴，觀察西班牙軍隊與古巴革命軍的戰事，並替報紙撰寫報導。回到自己部隊後，邱吉爾在印度的西北邊境（North-West Frontier 今巴基斯坦一省），和非洲的蘇丹都打過仗。在蘇丹的恩圖曼 (Omdurman) 一役，團長命令從正面衝鋒進攻，結果全軍覆沒，死傷慘重。邱吉爾因此負傷退伍，那卻是英國軍事史上最後一次騎兵衝鋒，此後再沒有指揮官敢做這樣的傻事了。一九〇〇年，他居家無事，寫了兩冊的戰史《長河之戰》(*The River War*)，與他第一部預言性小說《薩維奧拉》(*Saviola*)。

十九世紀最後一年，大英帝國在南非又遭遇慘烈的「布爾戰爭」(The Boer War, 1899–1901)。邱吉爾受倫敦《晨報》(*Morning Post*) 重金禮聘，以戰地記者身份赴南非採訪。「布爾」意指荷蘭裔的非洲白人農莊主人，聯合起而抵抗英軍向北的節節推進：他們打不過裝備優良的英國軍隊，卻發明了游擊戰術與拘禁俘虜的集中營，在世界戰爭史上也佔了一席地。

邱氏坐火車到那他省（Natal又譯納塔爾省）前線時，途中遭游擊隊襲擊；他只是個老百姓，卻下車指揮其餘乘客共同抵抗，最後仍被生擒，送到斐京（Pretoria又譯普里托利亞）的集中營裏監禁。兩星期後，他爬牆逃脫，取道葡屬莫三比克(Mozambique)回到英軍佔領區，索性回復軍籍參加作戰，一面仍撰寫戰地通訊，因而聲名大噪。一九〇〇年底回到英國，次年就當選下議院(House of Commons)議員，年方二十六歲。那時當議員並無薪給，全靠他寫作與初次到美國巡迴演講所得貼補，才能維持場面。

嶄露頭角　早在第一次戰前

世人都知道邱氏是第二次大戰時的世界級領袖，不知道他遠在第一次大戰之前，早已嶄露頭角。一九〇四年，他從保守黨轉為自由黨，次年被任為殖民部政務次官(Parliamentary Undersecretary for the Colonies)。三年後，出任貿易委員會主席(President of the Board of Trade)。一九一〇年，升任內政大臣(Home Secretary)；第二年調任海軍大臣(First Lord of the Admiralty)。一九一四年，第一次大戰爆發，次年卻因海軍在土耳其達達尼爾海峽一役中敗績，在聯合內閣中保守黨要求下，邱氏引咎辭職。

世上很少有一帆風順的英雄豪傑，邱吉爾這一跤摔得不輕。那時地面戰事已經膠著成為壕溝戰，他毅然重回軍職，以少校銜到法國前線當皇家蘇格蘭燧發槍團 (Royal Scots Fusiliers) 第六營營長，與士兵同甘共苦，過了一年多血淋淋的日子。一九一六年，他才回到英國再度從政，首相勞合・喬治 (Lloyd George) 欣賞這個四十二歲年輕人的幹勁，次年被任為新設的軍需大臣 (Minister of Munitions)，負責大後方的軍火生產。

巴黎和會後，邱吉爾受任為戰爭及空軍大臣 (Secretary of State for War and Air)。一九二一年，升任殖民大臣 (Colonial Secretary)。次年卻因連任落選，在家賦閒了兩年。他於是重回保守黨，一九二四年得首相鮑德溫 (Stanley Baldwin) 賞識，被任為財政大臣 (Chancellor of the Exchequer)，其重要性僅次於首相。但一九二九年他又被黜，只剩下個陽春議員職務，直至第二次大戰爆發為止。

這是邱氏一生最抑鬱不得志的十年。他在查特威 (Chartwell) 寓邸以畫畫自娛，寫文章批評政府種種政策，在國會呼籲英國朝野提防希特勒崛起後，德國整軍經武的野心。一九三六年，英王愛德華八世 (Edward VIII) 因為愛上美籍曾離過婚的辛浦森夫人 (Wally Simpson)，與首相鮑德溫衝突，引起憲政危機。邱吉爾支持這位不愛江山愛美人的國王，結果愛德華遜位，改稱溫莎公爵 (Duke of Windsor)，保守黨政府看邱吉爾就更加不順眼了。

希特勒看準了英國首相張伯倫 (Neville Chamberlain) 的弱點，得寸進尺，一九三九年九月，二次世界大戰終於爆發。邱吉爾被召回任海軍大臣。次年春天歐陸淪陷，在舉國殷盼下，喬治六世 (George

VI) 徵召他出任首相。此後五年中，邱氏力挽狂瀾，結交史達林，緊緊拉住羅斯福，轉敗為勝，終於贏得二次大戰的經過，世人皆知，毋庸辭費。只有一件事值得一提：張伯倫卸任時，請他回任保守黨黨魁，邱吉爾卻基於同情心婉言推辭，讓張伯倫蟬聯；次年張氏去世，他才正式接任黨魁，可見他也有厚道的一面。

孫女著書　重點在領袖氣質

本書主要作者西莉亞・桑地斯 (Celia Sandys) 是邱吉爾的外孫女，邱氏長女黛安娜 (Diana Churchill) 嫁給鄧肯勳爵 (Lord Duncan-Sandys) 所生。她幼時甚得外祖父母鍾愛，所以她的第一本書《重回查特威》(*Chartwell Revisited with Celia Sandys*) 以兒時記憶為主，人情味濃厚。她又從老家閣樓裏找出舊信，出版了《邱吉爾情書集》(*From Winston with Love and Kisses*)，頗為轟動。她的其他著作都與外祖父有關，包括描寫南非冒險的《邱吉爾——無論死活，捉拿到底》(*Churchill: Wanted Dead or Alive*)、《邱吉爾傳》(*Churchill*)、《少年邱吉爾》(*The Young Churchill*)，與《追趕外祖父——旅途記趣》(*Chasing Churchill: Travels with Winston Churchill*)。

桑地斯雖然住在英國，近年卻不斷在美國各地旅行演講，熱心宣揚邱吉爾不屈不撓、實事求是、遇事既奮不顧身，卻又重視細微末節的精神。美國不乏邱吉爾迷，一九六八年在華府成立了「邱吉爾中心」(Churchill Center)，與英國和加拿大原已成立的「國際邱吉爾協會」(International Churchill

Society) 結合，規模日漸擴充。桑地斯是中心理事之一。

該中心現在每季出版《光輝時刻》(*Finest Hour Quarterly*) 季刊，不定期舉辦各種研討會，把論文彙編成《邱吉爾論叢》(*Churchill Proceedings*)，刊行「邱吉爾訊息」(Churchill Bulletin) 新聞信，還舉辦課程。它投資重刊邱氏所著、現已絕版的舊作，聘請名人舉辦邱吉爾紀念演講會 (Churchill Lecture Series)。經過二十五年辛勤耕耘，到二○○三年，中心終於在華府有了正式的會所，得來不易。

二○○三年起，桑地斯在英美兩國都成立了「邱吉爾領袖培訓所」(Churchill Leadership, Inc.)，提供業務發展策略的諮詢，協助企業界訓練幹部。她在美國洛杉磯、亞特蘭大、舊金山等地舉辦為期兩天的密集訓練，接受工商界委託代訓經理級以上人員。本書可視為她的教科書，全書十四章分別列出邱吉爾一生奉行的原則，舉實例說明。每章末還列舉所謂「邱吉爾教戰守則」(Churchill Principles)，多至八、九條，少亦有五、六條，想是便利學員了解該章內容而設，有點類似教師參考資料。

電腦專家　內容連接當代

本書另一位作者強納森・李特曼 (Jonathan Littman) 則是職業作家，寫過好幾本管理與電腦方面的書，正可補桑地斯的不足。他此外的著作有《創新的藝術》(*The Art of Innovation: Lessons in Creativity*)、《電腦駭客傳》(*The Watchman: The Twisted Life and Crimes of Serial Hacker Kevin Poulsen*) 與《網路犯罪實錄》(*The Fugitive Game: Online with Kevin Mitnick*) 等。

桑地斯究竟是英國人，對美國時興的管理學說不甚熟悉。書中隨處可見兩人合作的痕跡，凡提到企業管理事例之處，大多出於李特曼手筆。他知道尤其對美國讀者而言，邱吉爾已是前一世紀的歷史人物，與他同時的政客、將領或名人，對現代人不免有點隔靴搔癢。因此李特曼在書中穿插許多美國當代領袖的事例，從汽車業巨子艾科卡 (Lee Iaccoca)、創辦蘋果電腦的賈柏斯 (Steve Jobs)、微軟的蓋茲 (Bill Gates) 到前紐約市長朱利安尼 (Rudolph Giuliani)，在台灣也都是耳熟能詳的人物。

本書裏仍有不少在美國也只有專攻企業管理者才熟悉的名著與作者。例如出現過十幾次的柯林斯 (Jim Collins)，常常只有一個名字，使門外漢有如丈二和尚摸不著腦袋。柯林斯寫過兩本暢銷書，其一是《史上最偉大的十位執行長》(*The 10 Greatest CEO's of All Time*)，另一本的書名是《從 A 到 A+》(*Good to Great: Why Some Companies Make the Leap...and Others Don't*)，被管理學者奉為大師。

類此的情形不少。另一本屢次出現的書名只有一個字《執行力》，所指實為包熙迪 (Larry Bossidy) 與夏藍 (Ram Charan) 合著的《執行力》(*Execution: The Discipline of Getting Things Done*)。李特曼也多次提到兩位培訓企管人員的專家，其一是柏恩斯 (James McGregor Burns)，在馬里蘭大學 (University of Maryland) 下設立「領袖學院」(Academy of Leadership)，自任院長。另一人是麥斯威爾 (John Maxwell)，他在網路上設有「影響極限顧問公司」(Maximum Impact, Inc.)，專替工商界解決瓶頸困難。略知這些專家的背景後，就毋需再為姓名背後的含意去傷腦筋了。

功既不朽　更兼具福祿壽

不論你懷抱何種心情或期望來讀它，這依然是一本值得享受的好書。邱吉爾是懂得享樂人生的人。他雖是個工作狂，也喜歡佳肴、美酒、雪茄，與宴席上的好女伴。就中國人福祿壽的觀念而言，他真是三者兼具，古今罕見。

很多人只記得邱氏在二次大戰期間做首相的那五年，更多人為他在勝利後，保守黨反而在大選失敗，因而退出政壇叫屈。其實，繼任的工黨艾德禮 (Clement Attlee) 首相只做了五年。一九五一年，邱吉爾以七十七歲高齡，再度出任首相，又做了五年；其間獲頒英國最高榮譽的「嘉德勳章」（Order of the Garter，獲勳者稱作 K.G. Knight of the Garter），與他祖先第一任馬伯羅公爵相同。卸任後他依舊蟬聯議員，直到八十九歲才告老，次年元月逝世。環顧宇內，像他這樣曾立德、立功又立言的時代巨人，找不到第二位了。

十七、兩黨合作是趨勢　國親合別再拖延

（原刊九十三年十二月十三日《聯合報》）

這次立委選舉，直到開票那一刻前，老實說，一般人都不看好泛藍。曾任《紐約時報》北京分社主任、現為香港英文《南華早報》撰寫評論的華裔記者秦家驄(Frank Ching)告訴我說，他星期六晚餐後到國民黨中央黨部，見場面冷冷清清，有點詫異。當時在場媒體人數遠超過黨工與群眾，等藍營票數節節上升，人氣才慢慢旺起來。因此他形容泛藍獲勝，用了「翻盤」(upset victory)一詞，國內報紙也稱之為「不可能的任務」，可見中外反應都差不多。

泛綠非但未能過半，而且負傷累累，陳水扁與所謂「四大天王」，從掌握議題到配票不當，無一可推卸責任。但泛藍切不可因勝而驕，沈浸在勝選的狂喜裏面。連戰主席說得好，這是中華民國的勝利，遠過於哪個黨或任何個人的勝利。馬英九呼籲要謙虛、理性與團結。歸根究柢，泛藍這次勝利只應歸功於廣大的選民，而非任何個人。

勝選只是起點，重頭戲還在後面。「組閣」這個高難度的課題，不能只是喊喊而已，其最終目的

也並非僅為纏鬥不休，使民進黨難堪，而是要實現憲法的精神。泛藍陣營必須在民間先建立對兩黨共治的信心。以陳水扁的性格，他哪肯俯首就擒？藍營除要在憲政體制中建立理論基礎外，還要展開務實說理，使民意支持雙首長制度下原就准許的國家元首不必與行政首長同屬一黨的架構，千萬不可盛氣凌人，只知炒作短線，忽視了人民的觀感。

陳總統原就公開表示過，選後要親自拜會在野黨領袖，共商國是。如果他實踐諾言，國親新三黨主席應以禮相待，讓國人看到知書識禮者的待人接物之道，與野蠻政客有多大差別。

務實而言，綠營仍佔據台灣半邊天；陳水扁的錯誤，正因為民進黨與台聯加起來只有百分之四十三的最新民意，卻想整碗都端去。台灣百廢待舉，從提升經濟實力、改革教育、整頓司法、加強治安，到修補外交關係、打破兩岸僵局，都必須藍綠合作，才有突破之望。泛藍此次得票雖達百分之四十七，仍未過半；要瞭解組閣象徵雙方捐棄前嫌，合作為國，而非繼續惡鬥，才能順應民意，步向真正的民主國家。

台灣民主的走向，從這次選舉可以看出些端倪。不少人寄望的中間選民路線，被緊繃的選情淹沒了。「民主學校」候選人雖然全軍覆沒，不能怪罪這批有理想有勇氣的民主鬥士。親民黨此次雖有折損，仍然穩住了第三大黨的地位，問政成績斐然的橘色明星立委，得票依然亮眼。新黨已經回歸娘家了，台灣今後效法先進國家，走向兩黨政治，是必然的結果。

宋楚瑜主席與親民黨既無需氣餒，也沒有再拖延的空間，今後幾個月裏，如何以大局為重，好好商量國親合的複雜細節，才是藍營最重要的課題。唯有真正完全合併，統一組織、黨綱與策略，才能繼續保證台灣的和平安全，防阻像李登輝那樣的人，把國家推向無底深淵。

十八、讓我們大家都去投票

別人失望　我更不能缺席

西洋有句成語：「只要好人都袖手旁觀，邪惡就會獲勝。」(The only thing necessary for the triumph of evil is for good men to do nothing.) 雖說出自十八世紀愛爾蘭政治家柏克 (Edmund Burke) 之口，對這次台灣立委選舉投票，卻具有特別意義。

從三一九兩顆子彈那天開始，住在台灣稍有良知的人，眼看五十多年辛苦建設起來的一個民主、自由、均富的社會，被政客們操弄族群議題，硬生生撕裂成兩半，心中的鬱悶、徬徨與失望達於極點。

雖然走掉了少數人，留在台灣的仍是絕大多數。他們對綠色政權巧妙地操作「柔性政變」，顛覆法統，竄改歷史，把國父當作「外國人」，要改國徽、制新憲，藉「正名」達成台獨的最終目標，深感無力也無從阻擋。另一方面，他們對藍營不自振作，內鬥不休，國親遲遲未能履行合併諾言，又

（原刊九十三年十二月十日《聯合報》）

深感失望。因而衍生出兩種極端現象：若非染上政治焦慮症，就是產生末期的失落感，與世隔絕。

這次立委選舉，看來泛藍或泛綠都難過半，所以才廝殺之聲震天，兄弟鬩牆變成常態。陳水扁如果真有把握，就不會亂開駐外館處與國營事業在兩年內改名的空頭支票，在美國迅速表態反對後，仍然嘴硬不肯賣帳。李登輝如果真有把握，也不會情急喊出「先生投民進黨，太太票投台聯」。在泛藍那邊，國民黨最初提名時，過份遷就現實；左商右量才出爐的配票辦法，又惹得親民黨火冒三丈，窩裏就吵翻了天，情形未可樂觀。

民主的妙處，就在票開出以前，沒人能預知結果。一切都要等到星期六夜晚，才能揭曉。正因為別人心灰意懶了，你我才不能缺席。讓我們大家都去投票，拿民意來證明台灣該走什麼樣的道路。

十九、是相聲？還是雙簧？

（原刊九十三年十二月六日《聯合晚報》）

昨天綠營的演出，有些自作聰明的人說，那是因為選情緊繃，阿扁要搶台聯的票，所以才拋出駐外館處與國營事業都要正名的主張。

他們錯了！那是早已設計好，精心搭配的一場相聲，或可稱為雙簧。僅從表面上看，民進黨與台聯似乎都在爭奪基本教義派的票源，其實他們是殊途同歸。有如相聲或雙簧的兩位演員，如果只看表面，像在各說各話，骨子裏他們卻是一家人。

這場戲演得也很像那麼回事，台北的正名大遊行讓台聯去挑大樑；李登輝還鄭重澄清：「台聯不是民進黨的花瓶。」陳水扁上午先在民進黨中央發表談話，然後趕到台中與「四大天王」會師，使大家都記得民進黨高層並未參加正名遊行。如此苦心安排，當然是準備萬一美國又來責問時，可以指天誓日地否認他有任何違背「四不一沒有」諾言的舉動。

陳水扁究竟懂得選舉的訣竅。他既要撇清關係，又不願讓李登輝出盡鋒頭，搶去各報頭版頭條的標題。邱義仁早已替他計算好了，昨天陳總統的宣布具有實質意義，準定會獲得媒體注目，把台聯的遊行擠到內頁去，完全符合民進黨的全盤利益與選戰策略。

問題在，這種雙簧手法能騙得過別人嗎？大陸把陳總統看穿了，北京早已把他定位成「斷絕往來戶」，不斷向華府指責台灣在玩危險的遊戲。中共少不得向美國加壓說，「你看，他不是在玩切香腸的老把戲嗎？這若不是漸進式台獨是什麼？」

看來國務院發言人明天又有話要說了。

二十、台灣四面楚歌　還看不清嗎？

台北必須改變過度倚靠華府政策，與東南亞重修舊好
更要懂得經濟利益早已取代地緣政治或軍事力量

（原刊九十三年十二月二日《聯合報》）

立委選舉只剩九天，朝野都在拚命衝刺。氣喘如牛之餘，如有暇向島外偷看一眼，就會發現台灣正處於四面楚歌之中。不管藍綠哪個陣營過半，再不快補救，有朝一日大難臨頭時，誰控制立法院都變得無關重要了。

美國　不再信任　恐怕澄清也沒用

危機之一，是縱然在五二〇就職演說、國慶談話、與在國安會宣布「陳十點」等一再釋出善意後，美國對陳水扁總統卻似已完全失去信任。APEC高峰會外的布胡會談，台灣只因布希未再重複鮑爾所說我國「不是一個獨立主權國家」那樣的話，就沾沾自喜，對大陸與美國關係大幅改善的種

種跡象，一概視若不見，聽若不聞。繼而傳來胡錦濤描述一些台獨分子侈言攻擊大陸城市時，布希的反應竟拿它比作「蚊子叮大象」，已經情何以堪。現在國務院正式要求陳總統對新憲公投「必須解釋」清楚。如此嚴重的警告，任憑陳水扁再怎樣澄清，恐怕也沒有用。

我們的外交部長雖然連鼻屎、LP之類的話都能出口，美國卻沒有那樣民粹化。國務院發言人根據遠東局起草的答詢稿說話，向來謹守外交禮儀與習慣；包潤石二十九日的答問，就外交辭令而言，已可稱十分嚴厲。可以斷定的是，美國為向中共有所交代，同時避免二〇〇六年修憲公投引起擦槍走火，今後只會對台灣繼續施壓，雖不能讓中共滿意，至少也要做到北京無所藉口。台灣對美外交必定會越來越困難。

東協領袖宣言　首次加入反台獨

危機之二，是台灣在本身所處的東南亞區域裏，日漸被邊緣化。在寮國舉行的東協第十屆高峰會，與中共簽署了FTA協定，將在六年後建立世界最大、人口最多的自由貿易區。溫家寶同日在中國與東協領導人會議上的演講，透露大陸今年與東協各國貿易總額將達一千億美元。溫家寶在短短五十個小時裏，出席了二十七場活動，還簽署了十二項協議和文件。風頭之健，使日本和南韓相形失色，儘管中共再三強調它永遠不會變成霸權，其實無法抵賴已經是東亞「老大哥」的事實。

這次東協領袖宣言中，首次加入「反對台獨」的詞句，對我國聲望的打擊，遠比實質更為重要。

四年前星加坡原有意和台灣簽訂雙邊FTA協定，民進黨政府卻以名稱問題不曾同意。自從「鼻屎說」以來，很難有第二個國家還肯開扇邊門，讓台資借地生根，享受二〇一〇年後大陸與東協各國的免稅權利。這可是攸關經濟發展的頭等大事，與獨不獨無關，而目前看來，毫無解套的希望。

拉美受胡影響　友邦已岌岌可危

危機之三，是我國外交關係所倚重的中南美與加勒比海若干國家，受胡錦濤出訪拉丁美洲ABC三大國影響所及，已有岌岌可危的現象。

日本欺軟怕硬　有事還會來援嗎

危機之四，是日本為避免惹惱北京，不惜公開否認陳總統親自透露的台灣最先偵測出大陸潛艦侵入日本宮古列島的秘聞。平白挨了下耳光還是小事，一葉落而知秋，日本如此欺軟怕硬，基本教義派指望的如果「周邊有事」，日本會根據美日安保條約聲援台獨，還有絲毫可能嗎？

歐盟向中傾斜　明年將武器解禁

危機之五，是歐洲各主要國家群向中共傾斜。今年礙於美國壓力，歐盟對中共武器禁運勉強又維持一年。明年舊事重提，除非局勢大變，解禁案肯定會過關。歐洲人的想法是，這種本輕利重的生意，何必讓俄國獨佔？台灣即使拿幾個六一〇八億，在歐洲恐怕也買不到任何武器。

如此險峻的外交情勢，台灣該如何面對呢？首先，政府必須瞭解，外交政策的制定應該顧及全國人民的整體利益，而非僅僅投合六百四十七萬把票投給陳呂配者的思想。何況綠營群眾也不見得統統都贊成台獨，大部分仍願維持現狀。陳總統五二〇就職演說中「穩定兩岸」的莊嚴承諾，不能因立委或明年縣市長選舉，就棄諸腦後。唯有不硬把「正名、修憲」與「四不一沒有」強辯說互不關連，越描越黑，才能修補各國對台灣長久積累的不信任感。

其次，獨霸超強的美國已開始走下坡，世界多極化是不可阻擋的趨勢，區域整合更難以抗衡。台北必須改變過度倚靠華府的政策，與東南亞鄰國積極重修舊好。我們更要懂得經濟利益早已取代地緣政治或軍事力量，成為決定國際關係的主導因素。台灣除非能恢復高成長率，以經濟實力作為外交後盾，任何夢想都無從實現。

最後，辦外交不是只高喊民主自由，就能得道多助；隨便辱罵他國，更無補於台灣的基本利益。政府必須捐棄成見，培養有能力與經驗的人才，而非以意識型態為唯一考量。外交只有靠長期耕耘，一點一滴地積累善意。

我國五年來在外交上喪師失地的情況，短期內很難改善。何去何從，端在執政者一念之間。

二十一、看胡錦濤拉美旋風　台灣有何對策？

明年APEC高峰會，台灣日漸被排斥在外的趨勢有挽回的希望嗎？

（原刊九十三年十一月二十四日《聯合報》）

APEC第十二屆高峰會落幕。布希總統已轉往哥倫比亞，商談兩國如何聯手防阻哥國毒品氾濫美國的問題；胡錦濤則直飛古巴，替世上僅餘幾位共產領袖之一的卡斯楚打打氣，然後回國去勸另一位金正日接受美國條件，讓朝鮮半島真能成為非核地區。

李遠哲率領的官員們返抵國門時，免不了對記者吹噓一番，誇說我國代表團如何在聖地牙哥達成艱鉅任務，又和哪些領袖舉行過雙邊會談等等。不知情的媒體也可能盲目地捧場，彷彿台灣這次也真還有些收穫的模樣。

其實在智利這次APEC高峰會中，唯一收穫最大，滿載而歸的是大陸。布希雖頭頂連任獲勝的光環，仍然被蜂擁想與中共加強關係的拉丁美洲國家擠到一旁，只能看胡錦濤被前呼後擁地捧上天，乾吃味而無計可施。

一九六〇年，我初次奉命訪問拉丁美洲十國。一九八一年起，又奉派駐瓜地馬拉九年多，從加勒比海到南美底端，走了許多趟，對拉丁民族與美國間又愛又恨的複雜關係，略有認識。胡錦濤出訪阿根廷、巴西與智利（所謂南美的A、B、C三大國）成功，正反映了拉丁人對美國壟斷南美一百多年，卻又未曾幫助這些國家真正轉型民主富強的不滿情緒。這股怒氣以前無處發洩，現在找到了可能與美國抗衡的中國，如果繼續發展下去，會有很深遠的影響。

華盛頓一向視拉丁美洲為其禁臠，不許歐洲國家染指。但從一八二三年門羅總統在國情咨文中宣布所謂「門羅主義」起，美國只把南美當作它獨霸的市場，所扶植的都是些貪汙獨裁的政權；如有人不順從美國意志，就用反共或其他藉口，去之為快。

一九五三年CIA幕後策動政變，把瓜地馬拉的亞本茲總統(Jacobo Arbenz Guzmán)趕走，間接導致一九五九年卡斯楚古巴革命成功，更把蓋伐拉(Che Gnevara)塑造成拉美各國的傳奇英雄，從而埋下一九七九年尼加拉瓜桑定主義者奪得政權的種子。幾乎可以說，拉丁美洲各國的反美情緒，該歸咎於華盛頓；史實俱在，美國也坦承不諱。今年高峰會宣言強調的一項標準「清廉政治」(good governance)，就是為避免重蹈美國早年覆轍才發明的。

中共近年奉行「大國外交」政策，此次在拉丁美洲能收穫意料未及的效果，更重要的因素是隨著大陸、印度乃至東南亞各國的急速發展，從能源到各種原料，忽然都供不應求，導致國際價格飆漲。因此二十一世紀才開始，資源搶奪戰與海外投資競爭就隨之而來。

大陸現在是巴西所產的鐵礦砂、鋁礬土、鋅、錳與大豆、木材的大買主。兩國今年僅前九個月的貿易額，就比去年同期激增百分之五十八點四，幾近九十三億美元。這次寶山鋼鐵廠與巴西號稱世界最大的鐵礦砂公司 Companhia Vale de Rio Doce 簽約，共同投資十五億美元，預期每年增產毛鐵八百萬噸，供應大陸所需。此外中共與巴西航太工業公司已合作建成兩顆地球資源探測衛星，從太原發射進入軌道。

對三年前幾乎破產的阿根廷，北京不但大量購買小麥、大豆、牛肉等農產品，還直接投資油氣探測、通訊衛星與鐵路建設。胡錦濤在阿京參眾兩院演講的同一天，宣布將在阿國投資總額幾達二百億美元，怎不讓阿根廷人感激涕零？

智利是世界最大的銅產國，僅在上月份，智利對大陸的出口貿易，初次超越了對美的出口額。此外，中共也向玻利維亞大量購買錫錠，與委內瑞拉簽訂長期原油供應合約，手面之闊綽，令台灣望塵莫及。

胡錦濤此次訪問巴西、阿根廷，雖然曾對兩國國會發表演說，更受北京重視的卻是與兩國政府都簽訂的雙邊「貿易投資領域合作諒解備忘錄」，新華社解釋說，這表示兩國都「承認中國市場經濟的地位」。因依照WTO定義，既把中國界定為市場經濟，簽約國此後很難再指責中國對它們不公平地傾銷產品了。

巴西左傾的盧拉總統 (Luis Inácio Lula da Silva) 已經公開稱中共是巴西的「戰略夥伴」，擺出一副以與中國修好，刺激美國與歐洲國家急起直追的姿態。自然，巴西內部也有不同的聲音，但這陣「胡錦濤旋風」的確在拉丁美洲造成轟動，是不爭的事實。

相形之下，台灣的對策在哪裏？在這種情勢下，我們還能奢望美國幫助台灣以觀察員身份加入美洲國家組織（OAS）嗎？明年的APEC高峰會，台灣日漸被排斥在外的趨勢有挽回的希望嗎？我不能不為國家的外交前景擔憂。

二十二、鮑爾換賴斯　對台影響？　未到關鍵時刻

（原刊九十三年十一月十六日《聯合報》）

美國歷史上凡遇總統連任，內閣必有若干更動，不足為奇。鮑爾國務卿辭職，所以引起這麼多評論，僅就他能突破美國傳統人種歧視一點來看，就值得青史留名了。

白宮發表布希批准辭職的聲明裏，稱讚鮑爾是「軍人、外交家、社會領袖、政治家、與偉大的愛國者」，在美國是很少見的。平心而論，這四年來，鮑爾一面要應付錢尼副總統與國防部長倫斯斐這批新保守主義派健將，另一面又要顧及國務院中自由派職業外交官的國際主義思想，在其中保持平衡，實屬不易。

美國豈旦內閣部長，各部司長以上官員的任命，都需要參議院同意。鮑爾正式卸下仔肩，至少要再等一兩個月，等參議院舉辦公聽會，全院投票通過後，才能辦理交接。

賴斯脫穎而出，證明布希總統夫婦對她信任有加，其親密程度非外間所能想像。而且尼克森第二任時，季辛吉取羅傑斯國務卿而代之，可說有例在先。

賴斯當然明白，在華盛頓這麼難做人的地方，首次有女性出任總統的國家安全顧問，難免有人在背後指指點點。她也不想招惹明槍暗箭，四年來在溫和派的鮑爾與鷹派的倫斯斐兩強之間，嚴守分寸。能做得這樣面面俱到，是她確實以布希的意志為意志，就事論事，不存絲毫私心，才能贏得所有人的信任與尊重。

在台北住久了的人，遇見美國更換國務卿之類的新聞，往往只注意這次的人事更迭，對台灣將來會有何影響。老實說，即使當事人如賴斯或鮑爾，也無從預知台海發生事故時，美國會如何反應。作為世界超級強國，美國的國家利益複雜萬分，當政者必須就該一特定時期的利害得失，作最恰當的考慮。世事變化多端，非等到關鍵時刻，總統或國務卿都不會預先就有應付的對策。

前國務卿魯斯克說得好：「當一天的國務卿很容易，誰都能做；困難的是當三百六十五天的國務卿。」

二十三、台灣主權　史料早已說明白

（原刊九十三年十一月十三日《聯合報》）

陳水扁總統公開表態後，所謂台灣主權未定論或台灣地位未定論應該從此銷聲匿跡。但十日行政院院會中一場辯論，正反雙方引用文獻時都犯了明顯的錯誤。陳定南、杜正勝、林佳龍等或在引證史料時以偏概全，或只知其一不知其二；馬英九其實該引用中共與美國的《建交公報》，而非《上海公報》。這兩點事關重要，應予澄清。

《上海公報》是一九七二年尼克森初訪大陸時，由季辛吉與周恩來談判同意的。季氏耍了一段文字遊戲，因而許多人都記得其中這段話：「美國方面聲明：美國認知到，在台灣海峽兩邊的所有中國人都認為只有一個中國，台灣是中國的一部分。美國政府對這一立場不提出異議。」(The US side declared: The United States acknowledges that all Chinese on either side of the Taiwan Strait maintain there is but one China and that Taiwan is a part of China. The United States Government does not challenge that position.) 其中認知 (acknowledges) 一字，中共把它譯作「承認」；台北因而大譁，學術界也紛紛指責，陳定南部長所指即此。

但美國與中共在一九七九年一月一日簽署的《建交公報》，清清楚楚地寫道：「美利堅合眾國政府承認中國立場，中國僅有一個，而台灣是中國的一部分。」(The Government of the United States of America acknowledges the Chinese position that there is but one China and Taiwan is part of China) 卡特總統當時的國家安全顧問布里辛斯基 (Zbigniew Brzezinski) 雖然不懂中文，他的亞洲事務助理奧森伯格 (Michel Oksenberg) 原為密西根大學中國研究教授，深知七年前為認知一字譯法曾吵得天翻地覆，居然同意中文版的文字，可見絕非疏忽，而是很大的讓步。白紙黑字，哪裏還曾為「台灣地位未定論」留下任何空間？

《建交公報》是兩國關係的最基本文件。美國至今始終堅持一個中國政策，正是因為《建交公報》有這段文字。從美國立場而言，鮑爾國務卿上月二十五日的發言，就絲毫不足為奇了。

馬市長說的沒錯，中日和約已經確立中華民國對台灣的主權了。不要忘記我國雖因大陸變色，被摒除在一九五一年的舊金山和約外，但緊接著中日兩國互派葉公超與河田烈為代表，一九五二年在台北簽訂了「中華民國與日本國間和平條約」，第二條就是：「茲承認依照公曆一九五一年在美利堅合眾國金山市簽訂之對日和平條約第二條，日本國業已放棄對於台灣及澎湖群島以及南沙群島及西沙群島之一切權利、權利名義與要求。」第十一條更規定，其他本約未提及的任何問題「均應依照金山合約有關規定予以解決」。可見中日和約根本就是為補充舊金山和約不足之處才簽訂的。

中日和約簽署時，政府遷台已有三年。日本顧慮將來終有一天要和中共打交道，所以雙方有很清楚的不成文瞭解，就是本約適用範圍僅限於中華民國政府當時或將來治權所及的地區。換句話說，大陸不在其列。該約所附的議定書裏，巧妙地把這項瞭解形諸文字。

日本政府與業已遷台的中華民國政府簽訂和平條約，又嚴格限制條約適用範圍僅限於台灣澎湖，連金門馬祖都沒提，可見日本早已確認台灣與澎湖的主權屬於中華民國，「台灣地位未定論」是根本不通的說法。

二十四、人貨包機　該怎麼唱下去？

中共狠話說盡　還有誰能傳話
若能在求同存異下達成三通等協議　才能為人民謀福

（原刊九十三年十月十八日《聯合報》）

惠普科技公司全球總裁菲奧莉納(Carlton Fiorina)，謝絕了陳水扁總統要她就兩岸人貨包機議題代向北京傳話的拜託，不但當場婉拒，而且似乎預料到總統府可能借她的名氣對外宣傳，立即由台北分公司發表聲明澄清，以在商言商為理由，撇清關係。總統府尷尬之餘，只能再作澄清，強調是希望菲奧莉納向美國政府與國會反映，而沒有期望她擔任兩岸傳話人。

這條新聞給台灣讀者透露一個訊息：原來陳總統在大肆宣揚的國慶演說中，雖然先大罵中共是「恐怖陰影」與「黑暗勢力」，同時卻又釋出「人貨包機」與「兩岸和平發展委員會」的善意，是預先刻意的安排。在總統府的如意算盤裏，既能獲得美國國務院「具有建設性」的讚賞，甚或也騙得過中共第四代領導人，豈不妙哉。

怎奈中共是「既團結，又鬥爭」策略的老祖宗，對這種「左手打，右手拉」的手法司空見慣。所以國台辦發言人張銘清對國慶演說的反應，言詞辛辣、斬釘截鐵，可謂劍拔弩張。

相形之下，政府一反過去跳起來指責大陸打壓的習慣，用詞委婉。平常藉機痛責中共以爭取票源的那些綠色立委，也都一反常態、悶不出聲，可以想像他們都受到指示，這是「上面」的大政方針，別在此時攪局。

美國雖然讚許過了；而即使是誤解，菲奧莉納的敬謝不敏，恐怕也會讓未來我方真正希望代向北京傳話的人，躊躇再三了。至於大陸那邊呢，狠話已經說到盡頭，這場戲該怎樣唱下去呢？

觀察國際局勢，有幾項因素不能不顧慮到。其一是美國大選結果。現在離投票只剩十幾天，兩黨纏鬥難解難分，仍看不出誰是贏家。設若布希蟬聯，那麼陳水扁所說「美國要我們有耐心」的話，可能發生點作用。假使凱瑞 (John Kerry) 獲勝，他周圍的外交策士恐怕會嫌台灣專門替美國製造麻煩，這盤棋就要從頭再下過了。

其次，共產黨特質之一，就是堅持立場，不拿原則當交易，並且往往是那幾個人說了就算。五一七聲明的官方名稱實為「五一七授權聲明」，意思是這篇聲明已經胡錦濤、溫家寶與政治局常委會通過，地位等同「葉九條」或「江八點」。就大陸對台政策而言，等於聖經，是一字不能更易的。替陳總統草擬國慶演說的人，自然懂得這個道理；美國也瞭解。府院這次明知不可為而為之，添加了「雙向、對飛、不落地」的糖水，使它容易入口，總算比前有些進步。只可惜大陸不理不睬，白白浪費了如果換個適當時機，很可能被接受的提議。

第三，區域整合的傾向逐漸明顯。台海如有戰事，除美、中、台三方，也牽涉到日、韓與東南亞各國的重大利益。大陸雖然叫囂說「台獨是對台海和平和亞太地區安全的最大威脅」，以及「台獨沒有和平，分裂沒有穩定，只會帶來更大災難」，也不得不考慮亞洲各鄰國希望和平的意願。

美國選完總統後，台灣又要選立委，今年看來不太可能有事。不但台灣難以決定下一步如何走；對中共而言，狠話已說盡，下次要找更兇惡的言語，恐怕也有困難。如何找台階下場而不損及顏面，勢將考驗北京涉台單位的智慧。不過，台灣碰了這麼大個釘子，也應該冷靜地思考張銘清所說的「一九九二年，海協與台灣海基會達成了各自以口頭方式表達『海峽兩岸均堅持一個中國原則』的共識」，究竟有什麼不好？

只要我們堅持「一個中國原則」指的是中華民國，而非中華人民共和國，對台灣的主權並無絲毫損害。在求同存異的互相諒解下，先就水到渠成的議題如三通之類達成協議，才是為人民謀求福利之道。等對方瞭解台灣絕不會接受「一國兩制」的時候，才有建立兩岸和平機制的機會。

二十五、總統國慶演說　給老美聽的

現在好像要回到談判桌　心裏其實希望大陸把門關死

就可以向華府說：是他們不肯談呀！

（原刊九十三年十月十一日《聯合報》）

就像影劇明星替化妝品代言，使用結果往往不如廣告上說得那麼天花亂墜，陳總統一連幾天自我預告，他在國慶演說時將有重大宣示，引起全台灣不論藍綠陣營群眾的期望與等待。但昨天謎底揭曉後，留給大家的只是徹底的失望。因為他原先所謂的重要內容之空洞，恐怕連畫餅充飢都不夠資格。

聽過他二十分鐘的演講後，我頭一個感想是：這哪像是國家元首在國慶日的政策文告呢？尤其沿用「對不對？」與「是不是？」一類的選舉詞句，等台下聽眾大聲喊「對」或「是」來回應，好似他仍在競選，而非已經當選了的樣子。我的第二個感想則是：北京的反應不問可知，國台辦恐怕根本不會理睬，這番話有說等於沒說，兩岸冰凍的狀況勢將繼續下去，看不出任何解凍的希望。

其實陳水扁的原意恐怕也不過如此。他的國慶演說既非說給大陸當局聽的，也不是說給台灣關心海峽會不會發生戰爭的苦難人民聽的，而是說給太平洋彼岸的美國人聽的。

只要分析演說全文提及各項主題的字數，就可看出他雖未使用「一邊一國」的字眼，但從奧運與帕運我國選手獲勝卻不能升國旗唱國歌，到歷數台灣具有立國的充分條件，所傳達的訊息十分明白。其間再使用了一次兩岸的正式國號，似乎不經意，卻巧妙地訴諸美國的民意，與獨派人士前天借用華府參院大樓開所謂「台灣制憲研討會」而英譯卻只敢用「憲改」字樣，遙為呼應。國台辦罵他從未放棄「漸進式台獨」，看來真是百口難辯。

從這篇大張旗鼓的文稿裏，真要找點牛肉，只能找到兩小塊半。其一是邀請朝野政黨領袖，共同組織「兩岸和平發展委員會」。這個組織早在五二〇就職演說裏就提過了，當時還說設立這個委員會的目的，是要研擬「兩岸和平發展綱領」，後一半這回也不提了。此事雖說要等立委選後才啟動，以現時政治環境而言，無論國親選後是否合併，都不可能接受政府或民進黨的邀請，認真參與，更別提討論什麼綱領。此時把五二〇的空頭支票再拿出來，不過重炒冷飯而已，連民進黨員自身也不會認真看待。

國人應該記得，四年多前初次就職時，陳水扁宣示的「四不一沒有」，其中「一沒有」就是「沒有廢除國家統一綱領或國家統一委員會的問題」。轉瞬已過了一千六百零三天，國統綱領雖未廢止，民進黨政府卻從未提過一次，彷彿這份重要文件壓根兒就不存在。國統會雖未明令撤銷，四年多從未開過一次會，早已名存實亡。以今況昔，今天要籌設兩岸和平發展委員會，除了慣以君子之心度他人之腹的老美，還有誰會相信？

第二塊牛肉是所謂「海峽行為準則」的觀念。儘管名稱好聽，我敢率爾斷言，對岸絕不會中這個圈套。這個名詞是從大陸為與東南亞國家協會（ASEAN）各國修好，前年和他們簽署的「南中國海各方行為準則」而來的。該約的主旨是，假如東沙、西沙、南沙或團沙群島所有無人居住各島的主權發生爭執時，有關各國不得使用武力，必須通過外交磋商解決。中共五十幾年來，一向拒絕放棄以武力解決台灣問題，任憑美國如何施壓，態度從不改變。這是大陸對台政策的底線，它哪裏肯和台灣簽署象徵主權平等的準則？

剩下的半塊牛肉，則是所謂回到一九九二年香港會談的基礎。大陸後來接受「九二共識」，實際上承認了「一中各表」，在當年是很大的讓步，才有九三年星加坡辜汪會談的成功。被李登輝康乃爾之行打斷後，好不容易到一九九八年才有辜振甫先生的大陸之旅。民進黨執政後，受基本教義派與台聯的掣附與壓迫，抵死不承認有九二共識，僵持至今。陸委會昨天詮釋陳總統的國慶演說，同樣強調只有「九二會談」，而沒有「九二共識」；因此，陳水扁現在半推半就地好像要回到談判桌上的模樣，其實全然只為向美國交代而已。扁政府心底裏，最希望大陸砰然一聲把門關死，它就可以向華府說：「你看，我已經儘量釋放了這麼多善意，是我要談，而他們不肯談呀。」

二十六、打上海　美會讓我發展中程飛彈？

游院長如非洩漏最高軍事機密　莫非信口放話？

（原刊九十三年十月二日《聯合報》）

北京國台辦九月二十九日召開的例行記者會上，發言人李維一嚴詞批評游院長的「恐怖平衡」說，指責台灣「斥巨資大肆購買先進武器，企圖以武謀獨」，又說「這種言論是嚴重的挑釁和戰爭叫囂」。如此措詞，尤其「以武謀獨」四字，明顯較過去的文攻頻率又升高了一級。我看這些話不是針對游院長說的，它更可能是中共提高對美施壓的前奏。

在行政院國家發展研究班結訓時，游院長確實說過：「如果今天台灣有足夠的反制能力，你打我台北高雄，我就打你上海。」近週以來，從民進黨內部到泛藍陣營，都有人批評他失言，連總統府也暗示要他收斂一點。撇開國內政治口水不談，使我詫異的是，至今仍未讀到有從國際觀點出發的冷靜分析。這也間接反映出台灣被摒除在國際社會外卅餘年來，國防與外交當局對有關限制核武與裁減軍備事宜茫然無知的程度。

從台灣北端要能打到上海，非用中程飛彈不可。但早在一九八七年，美國與英、法、德、義、日、加六國已經簽署了「管制飛彈技術協定」（MTCR）。主要文件包括出口政策指導原則與禁運清單，凡列在清單內的設備、軟體與技術均不得輸出到非簽字國。它有似國際防阻核武擴散公約，只是比較鬆散，而且也難完全阻止其他國家發展中距離能發射大規模殺傷武器的載具。

十七年來，因美國大力施壓，已有卅四國加入MTCR，主席每年由會員國輪值；去年九月起由阿根廷擔任，今年應換人了。這個機構未設秘書處，由法國外交部負責連絡。MTCR會員須為主權國家，沒有觀察員，台灣即使申請也無從加入。早年的「天馬計畫」與「逖靖計畫」受到美國壓力而終止，華府藉口就是我們沒有加入MTCR。這好比有雞才能有蛋，台灣既不是隻雞，怎麼能生蛋呢？美國用意很清楚，不願其他國家擁有中程以上飛彈的製造技術。在當前局勢下，對台灣尤其不肯放鬆。

我國發展中程飛彈的進度如何，人言言殊。報載中山科學研究院以美國的戰斧飛彈為藍本的「擎天計畫」，據說曾獲美方默認，我有點懷疑。即使此說屬實，游院長放話以後，中共肯定會向華府提出嚴重交涉。今天美國在國際問題上依賴大陸支持的程度，遠超過大陸需要美國撐腰之處。大選在即，民主黨候選人凱瑞抨擊布希在外交上一意孤行，正中要害。國務院權衡輕重得失後，很可能又輪到台灣倒楣。

自然，北京也不是MTCR會員國，憑什麼資格抗議？但國際間欺軟怕硬是常態，布希所指的「流氓國家」，從伊拉克、伊朗到北韓，都不曾加入MTCR，也都曾經或正在發展中程飛彈。美國除對伊拉克用兵後，獲得利比亞自動輸誠納款外，對其餘國家一籌莫展。與美國關係最密切的以色列，也沒加入MTCR，但早已擁有中遠程的飛彈，就是美國默認的結果。以色列憑藉美籍猶太人的力量，在美國為所欲為，從秘密蒐集情報到影響國會投票，台灣望塵莫及。我們也無需看別人吃香喝辣，乾流口水，因為再眼紅也沒有用。

中科院發展雄風二E型巡弋飛彈的六年計畫，每年預算才二十二億；與六一〇八億軍購相比，真如九牛一毛。但去年下半年兩次試射都失敗，顯然是受制於MTCR管制，未能取得關鍵設備與技術所致。這些困難是否已解決，外界無從得知。行政院長輕易拋出飛彈打上海的談話，如非無意中洩漏最高軍事機密，也難脫信口放話，有虧職守之嫌。

從五〇年代到前蘇聯崩潰的冷戰期間，「恐怖平衡」的定義，是擁有核武國家必須在承受敵國使用核子武器進攻的第一擊後，仍有還擊的能力，足以使對手國也生靈塗炭，兩敗俱傷。它的另一名稱是「雙方保證互相毀滅」(Mutual Assured Destruction)，簡稱MAD；因為如改為小寫，mad正是瘋狂之意。

我從未聽說任何文明國家的領袖曾公開倡言恐怖平衡之類的詞句；共產國家中，粗暴如史達林或赫魯雪夫也沒說過這樣的話。我們的行政院長怎麼忽然心血來潮，放了如此震驚世界的一炮，小老百姓實在想不通其中奧妙。

二十七、游揆「中國」說　替總統找碴？

正名宣示　背離五二〇演說構建的「創造性的模糊」

（原刊九十三年九月二十七日《聯合報》）

不知道是否民進黨內因接班互相擠軋的暗爭已經浮上檯面，還是另有其他原因，近來行政院游院長任事較前似乎特別勇敢，常有驚人之筆。上月出國訪問時，創出“Taiwan, ROC”的名號，已經被陳總統澆了一盆冷水。前天又在立法院正式宣布，今後所有政府文書中，對大陸將一律改稱「中國」或「中華人民共和國」，理由是「因為那是對岸正式的國名」，一副理直氣壯的模樣。

讀了他與民進黨沈富雄委員兩人在質詢時的對話，我仍不敢斷定這場秀是臨時起意，還是沈委員故意做球給游院長接，兩個人在唱雙簧。依照報載，沈富雄一再追問他的答詞是否確定，游院長答覆時則表示完全肯定。果真如此，問題就有可能變得很大了。

陳水扁五二〇的就職演說，以「穩定兩岸」為四大施政目標的第二項。總統也明白宣示「涉及國家主權、領土及統獨的議題，目前在台灣社會尚未形成絕大多數的共識」，所以修憲不會涉及，也就是說，今後四年中將予擱置。他還說將進一步成立「兩岸和平發展委員會」，擬定「兩岸和平發展綱領」；很多人恐怕都忘記他這些承諾了。不知是否有意提醒，沈富雄在質詢時，一再指出陳總統每提及大陸，多用「北京當局」或「中共當局」等中性名詞，避免被對岸抓住把柄，言外顯然有稱許之意。

但是行政院長在立法院的這場宣示，卻完全背離了五二〇就職演說辛苦構建的「創造性的模糊」境界。李登輝修憲後的行政院長，雖然不再向立法院負責，實質上變成總統的幕僚長了，他仍是所有行政機構的最高首長。這道命令下達後，各級政府機構必須遵行，對台灣今後內外環境影響之深遠，恐怕游院長自身也難完全理解，並清楚地預見一切可能後果。

「大陸」一詞的妙處，在於它恰巧可與「台灣」或「自由地區」對照，同時又避開了「一個中國」的主權之爭。使用大陸一詞，表面上與北京所說「大陸與台灣都是中國的一部分」那句話雖無衝突，但絕不意味台灣已經接受了「一國兩制」。它暗示的意義是台海暫維現狀，留待時間慢慢去解決，這正是多次民意測驗顯示的台灣多數人民的選擇。這種用法已經行之幾十年，證明很管用。以我之愚昧，真不懂游院長為何心血來潮，好好地要改掉它做什麼？

政府改用大陸正式國名稱呼它之後，問題馬上就會出現。隨便舉個例吧，「台灣地區與大陸地區人民關係條例」不但名稱要改，內文每一條都需要修改；而且因為失去了含糊的空間，修改時會發現許多無法解決的困難。

台灣與大陸民間交流的法規或協議，包括規範中介團體交流、社會交流、與專業交流各類，至今累積已有四十四項之多。撇開大陸委員會是否將變成行政院內部機構的問題不談，這些規定要如何改法？難道都改成「中華民國與中華人民共和國XX交流辦法」嗎？如果這樣改，大陸會接受如此凸顯「一邊一國」意識的用語嗎？三歲小孩都知道答案是什麼。

台灣與大陸經濟關係之密切，人人皆知。今年上半年，僅僅以個人名義匯往大陸的款項達十五萬七千餘筆，款額高達八億七千萬美元；廠商對大陸匯款更超過此數幾倍。各銀行如果遵照行政院指示，匯款通知上都改用中華人民共和國某某銀行的字樣，被大陸認為這是在變相搞「漸進式台獨」，因而拒收，那時該由誰負責呢？

九月十六日國台辦例行記者會中，張銘清說：「就是因為陳水扁當局不接受一個中國的原則，不斷進行『台獨』活動，才造成了兩岸的緊張狀態。」又說：「從最近幾個月的觀察，他並沒有停止『台獨』分裂活動，特別最近對國號的簡稱，更加暴露出他搞『台獨』分裂的本質。」這類話我們雖然聽膩了，但其重要性仍不容忽視。國家處境如此艱困之時，行政院長是應該替總統分憂呢，還是替他找更多的麻煩？請游院長三思。

二十八、凱德磊案　關鍵在誰的「談話要點」?

若是布希、鮑爾等與中共的談話　就坐實了賣國罪;
若只是凱氏與黃光勳談話的準備　FBI就下不了台了

(原刊九十三年九月十八日《聯合報》)

媒體這兩天大肆渲染的所謂「凱德磊 (Donald W. Keyser) 案」,起自這位正在辦理退休手續中的國務院前任東亞與太平洋局首席副助理國務卿,九月四日在華府近郊波多馬克河邊餐廳 (Potowmack Landing Restaurant),與國安局人員以駐美代表處顧問名義對外的黃光勳中將餐敘時,拿了六頁「談話要點」(discussion topics) 給後者。兩人出門時,凱氏被聯邦調查局 (FBI) 人員當場攔住,文件也被搜走。直至FBI十五日逮捕凱氏,正式向維琴尼亞聯邦地方法院遞狀告發,全案方才曝光。

十六日的《紐約時報》與《華盛頓郵報》,都以頭版地位報導這消息。當天國務院例行記者會上,發言人包潤石被記者追問不已,十六頁的全程錄音紀錄有七頁都圍著此案打轉。但美國媒體態度謹嚴,至今尚無人憑空猜測這是件間諜案,與台北各媒體誇張處理的方式,大異其趣。

FBI控訴凱氏的罪狀只有兩點：其一是他去年九月三日至六日間私自來台，卻未向國務院報告；其二是他給我國官員的談話要點，內容與他在國務院接觸到的資料有關。FBI為本案跟蹤凱氏已久，對他何時何地曾與我方人員晤敘，查得一清二楚。但從今年五月到現在，雙方只見面了五次，其中三次是在同一家餐館，似乎不像真正間諜的作為。再退一步而言，美國情治機構早就知道黃光勳代表國安局的身份；假設凱氏真在替台灣蒐集情報，更不可能冒險與黃在公共場所見面了。

依照國務院規定，一定層級以上的高級官員每年須填報曾到哪些國家休假，以留紀錄。凱氏把去年私自來台一事漏報，是他的過錯。所以案發後，他的頂頭上司凱利助卿趕快撇清，強調如果凱氏申請訪台，一定不會批准。包潤石答覆記者詢問時，也表示國務院早就知道FBI在調查凱氏，但不肯透露知悉有多久了。這些都是官場常態，不足為奇。

凱氏是否有罪的真正關鍵，在於那份被FBI拿走的「談話要點」內容。假使那是布希總統、鮑爾國務卿、或其他美國高級官員與中共首腦的談話摘要，那就坐實了賣國罪名，任憑大羅神仙也救不了他。但如果只是凱氏積三十年外交工作的習慣，為他自己與黃光勳談話預作的準備，恐怕最後下不了台的，反而是FBI自身。

美國情治機構向來各行其是，FBI尤其邀功心切。前幾年「李文和案」起先鬧得滿城風雨，結果證明誇張過甚，法院判李無罪，僑界至今記憶猶新。月初布希接受國會特設「九一一事件調查委員會」建議，決定統一情報工作，設置一名有權指揮所有情治機構，列席內閣會議的全國情治首長

(Director of National Intelligence)，雖是為了加強對付恐怖分子，骨子裏也是鑑於ＣＩＡ、ＦＢＩ與軍事情報局等十幾個單位政出多門，無事時爭功吃醋，出事則互相推諉，確實有改善需要之故。

美國大選只剩一個半月了，我的判斷是目前舉國矚目於共和、民主兩黨究將孰勝孰敗，凱德磊案應該不致搶佔太多報紙版面或電視時間。除非有什麼戲劇性的發展，又當別論。我們實在無需大驚小怪，拿本案與兩國邦交硬扯在一起，彷彿天就會坍下來；或者像寫間諜小說一般地繪聲繪影，過度強調或刺激對方。

打開天窗說亮話，黃光勳中將應該是維琴尼亞州郎萊鎮 (Langley, Virginia) 美國中央情報局總部的常客，豈但每月要去幾次，說不定每星期都會去聊聊天。若說台灣國家安全局的駐美代表，還要偷偷地找國務院資深官員去收買情報，簡直是大笑話。國與國間情治機構的合作與互動之密切，不是外界所能想像的，外行人實在無需再胡思亂想了。

二十九、陷入險境的台灣新聞自由

（原稿係英文，由國家政策研究基金會譯為中文，刊於九十三年九月十四日《中央日報》。）

一般認為，台灣已經是個民主國家，享有很高的生活水準，與相當多的個人自由。但是事實卻並非如此。譬如，新聞自由在口惠而實不至的民進黨上台四年後，正急速地受到侵蝕。

身兼黨主席與總統身份的陳水扁先生，非常善於箝制批判政府的媒體。他會不著痕跡地把管制的手伸入平面與電子媒體中。民進黨所採用的方法，比過去被飽受批評的國民黨威權政府時期更為細緻，成效也更大。民進黨懂得運用暗中控制的方式，使外界不容易發覺。他們對台灣自由與民主所構成的威脅，比過去國民黨政府時期來得更為嚴重。

總部在巴黎的「無疆界記者組織」在年度報告中，對於台灣新聞自由的評比，從二〇〇二年的第三十五名倒退到二〇〇三年的第六十一名，落後於東歐的羅馬尼亞、非洲的馬利、南美洲的秘魯等國家。在二〇〇四年的報告中，更提到台灣在過去一年裏，許多記者、新聞媒體遭到政府的搜索與控告。

伸進廣電媒體的黑手

民進黨在二〇〇〇年上台執政以前，高喊黨政軍退出廣電媒體。在二〇〇三年十二月，立法院的所有主要政黨，包括國民黨，共同通過「廣播電視法」修正案，將民進黨競選時的政綱列入條文。這在乍看之下，似乎是向正確的方向邁進。但是很少人注意到其中隱藏的漏洞：修正後的廣電法對於政府或公共擁有的電子媒體的管理隻字未提。

實際的狀況是，修正後的廣電法讓民進黨可以實際並且直接控制五家無線電視台中的四家，這些包括台視（台灣最早的無線頻道，台灣省政府是最大股東）、華視（國防部和教育部是主要股東）、公視（董事會的成員由政府指定，預算主要是依賴政府的補助）以及民視（由支持台獨運動者擁有，而台獨則是民進黨的終極目標）。第五個無線頻道（中視），是由國民黨的華夏控股公司所擁有。國民黨準備出售華夏公司，放棄對於媒體的持有。但是卻遭到新聞局官方的騷擾。中視的廣電執照即將面臨換照，新聞局威脅要取消許可。明眼人都可以看出這是明顯在威脅中視的經營階層，造成的副作用就是使得中視的股票下跌。

同樣的策略運用在其他的華夏子公司，如台灣最早也是聽眾最多的頻道——中國廣播公司身上。國民黨依照修正後的廣電法，準備賣掉華夏及其所有的子公司，包括《中央日報》、《中華日報》以及中影，給任何有興趣的人。國內的買家對於是否出價十分猶豫，他們生怕受民進黨政府採取一些不利的動作。

目前唯一可能的國外買主，花旗銀行的子公司——亞太梧桐公司，卻被新聞局公開警告。新聞局表示依「廣電法」規定，外國人不得擁有或經營國內的電子媒體。而國民黨方面的律師則認為，擁有權的變更僅包括控股公司，中視和中廣的經營階層與員工仍然受到三年簽約的保障。但新聞局漠視這樣的事實。

民進黨政府至少還控制其他兩個電視頻道，包括為海外觀眾服務的「宏觀電視」，和國內以客語發聲的「客家電視台」，兩者的經營費用都是來自於政府的預算。

然而，發揮更大影響力的，是政府擁有的許多廣播頻道，可以傳達到各個角落，包括「中央廣播電台」（主要對象是中國大陸及國外），「警察廣播電台」（在台灣許多計程車司機收聽的電台），「漢聲廣播電台」（國防部擁有，所有國防單位規定收聽），「復興廣播電台」（主管機關是情報局），「教育電台」（教育部擁有），以及「漁業廣播電台」（農委會擁有）。

上述這些公營的電視台、廣播電台，董事長都是由民進黨政府任命或免職。世界上沒有其他國家，一個民選政府可以對人民一天二十四小時所聽、所看的媒體控制力這麼大。這些雖然號稱是延續過去的情況，但是國民黨政府當年對於媒體管理者的任命主要仍然根據其本身的經驗或功績。現在民進黨卻只重視管理者的政治忠誠。

新聞局最近宣布要重新調整無線廣播頻譜AM、FM的分配，宣稱目的是為了使得二〇三個地下電台合法化。這些地下電台只擁有低功率的發射能力，發聲的涵蓋範圍不大，但在二〇〇四年三月的總統大選中大多為民進黨的狂熱支持者。因此，民進黨政府為了回報他們，打算讓它們迅速合法化，減免他們必須填寫的複雜表格，以及巨額資金證明和詳細營運計畫等繁複的申請程序。

據報導，在這次頻寬重新分配中，他們可以立即獲得FM八八點五到九一兆赫茲的頻寬，是透過前總統李登輝的安排。李登輝在二〇〇〇年之後離開國民黨，變為陳水扁的政治盟友，並主導「台灣團結聯盟」的成立。作為台聯的精神領袖與陳水扁的盟友，李登輝在二〇〇四年三月總統大選時，鼎力支持陳水扁，並承諾對於緊接而來的年底立委選舉，會再度力挺民進黨。

事實上，新聞局迅速動作的真正原因，是因為十二月上旬立法院即將全面改選，民進黨需要這些地下電台業者的政治支持，因為這些電台在台灣中、南部擁有相當大的影響力。如果新聞局確實執行這些承諾，這對於所有申請者而言，是嚴重違反法律之前人人平等的原則。現存合法的廣播、電視台，一直在繳交營業稅、所得稅以及依法規定繳納的廣電基金，而這些地下電台卻可以分文未繳，享有不平等的競爭優勢特權。

以財務壓力作為工具

台灣媒體今天所碰到的另一個共同問題就是數量太多，競爭過於激烈。世界上沒有其他國家像台灣一樣，僅有三萬六千平方公里、二千三百萬人口，卻擁有七〇家中文報紙以及至少三家英文報紙，本地印行和發送的《亞洲華爾街日報》、《國際先鋒論壇報》尚不在內。同樣的，世界上沒有其他同樣大小的國家擁有五個無線電視頻道，一百家以上的有線電視頻道（八成的家庭擁有），包括地下電台在內，將近四百個 AM 和 FM 廣播電台，四千五百種雜誌，而這些全都在搶同一塊的廣告大餅。這塊大餅近年來，每年只能維持相似的大小，民進黨二〇〇〇年上台後，翌年台灣出現首次經濟負成長，過去三年多，僅以緩慢的百分之三左右的經濟成長率恢復。台灣過去經濟成長二位數字的輝煌時代已經一去不回。

民進黨政府發現只要透過對主要銀行的掌控，就可以輕易達到恫嚇媒體，要它們乖乖聽話的辦法。那就是當媒體需要貸款或是緊急需要用錢的時候，政府操控銀行放款或是展延舊的借款，就可以達到其操控媒體的目的。這種財務上的掌控，遠比任何政治壓力來得有效，而且額外的好處是，幾乎不會留下任何操弄的痕跡。

一個明顯的例子，就是無黨籍立委陳文茜的節目。陳文茜曾擔任民進黨的文宣部主任，後來因不滿民進黨的作為而離開。她主持一個電視台談話性節目：「文茜小妹大」，非常受到歡迎。她後來參選立法委員選舉，並當選。當她的節目惹惱了民進黨政府後，就被「衛視中文台」停播，後來本來要轉到「中天頻道」，也因如燙手山芋般，未能成功。這兩個電視台據說都有來自不方便透露的政治壓力。大眾對此事件的憤怒，使得此節目最後轉移到中視。當然，這也增加了新聞局要找中視麻煩的理由。

民進黨政府也使用其他方法操弄媒體，有三種手段值得在此說明。第一是透過非營利的基金會。新聞局直接掌控「廣播電視事業發展基金會」（「廣電基金」），其原始捐贈基金是來自政府預算，而營運費用則是來自依法規定所有合法電視、電台稅後盈餘依比例的繳納。「廣電基金」名義上是「所有公民所擁有的基金會」，可是在二〇〇〇年民進黨上台後，就成為掌控廣電媒體經營者的重要工具，而且作為公開或暗地力挺民進黨的支持者之獎勵。

其次，就是所謂的「台灣廣告主協會」，在二〇〇〇年由三十三家企業公司成立。這個封閉性的組織成員，除少數外資企業（如麥當勞），都是國內企業，而且都是在最近每場選戰中，對民進黨資助頗多的企業主。台灣廣告主協會的主席是高志明，擁有義美食品公司，該公司在台灣是一個家喻戶曉的品牌。高現在也是總統府的國策顧問。此外，廣告主協會的理事成員還包括富邦金控董事長蔡明忠；誠泰銀行董事長林誠一；中華電信董事長賀陳旦（在電信業開放前，相當於台灣的AT&T），陳水扁擔任台北市長時，曾任台北市交通局局長，當陳選上總統時，擔任交通部次長；台新金控董事長吳東亮。這些人聯合起來的財力，在台灣無出其右。

在該會的成立宣言中，廣告主協會表示：「協助追求社會和諧與和平」，而且宣稱將會與媒體企業共同合作「鼓勵優質的媒體節目及正面的新聞報導」。這樣崇高的目標如何達成？台灣廣告主協會宣稱「我們將督促媒體去除譁眾取寵的——暴力色情新聞、誇大不實報導、傷風敗俗節目、衝突對立傳播。」這隱含的威脅十分清楚：如果你不遵守，我們將走抽廣告。

第三種方式更具爭議性。在二〇〇三年十月一日總統大選正如火如荼時，成立的「閱聽人監督媒體聯盟」（「閱盟」）更是令人匪夷所思。就形式上，它是由二十七個公民團體組成。但所有成員都是民進黨和陳總統的支持者。它公開的第一砲是要求抵制台視的「綜藝旗艦」，指責其太過粗俗，不值得觀看。但這只是初探風向。

二〇〇四年四月，「閱盟」露出真面目。它批評兩個新聞頻道，中天和年代，名義上是總統選舉開票過程中報導不實，實質卻是批評這兩家電視台對泛藍群眾自三月二十日至三月二十七日的抗爭所報導的比例過高，要求改變。當然，「閱盟」否認是這樣的理由。

胡蘿蔔與棒子的交互運用

閱盟的執行委員林育卉，恰巧同時也是新聞局指派的廣電基金會執行長。她因為曾說過「新聞自由不可以無限上綱」而著名，她本身沒有任何傑出經歷或學歷，讓她可以擔任廣電基金會執行長的位置。她唯一傑出的成就是在二〇〇四總統大選時，在群眾大會時扮演司儀的角色，介紹陳總統給鼓掌的民眾。

另一個閱盟的理事成員——尤美女，曾擔任呂秀蓮副總統控告《新新聞》王健壯社長和楊照總編輯的律師。許多人困惑，出版十三年的《新新聞》，是以批判國民黨和支持民進黨起家。這是台灣歷史上首次有在位的副總統控告一個週刊毀謗。

台北地方法院判決《新新聞》有罪，應於報紙、電視及廣播共四十家媒體，分別刊登及朗讀「澄清聲明」、判決書全文，使原告「恢復名譽」。此一廣告費用據估計約高達新台幣兩億一千五百萬元，是他們的財產好多倍。

《新新聞》向高等法院上訴，高等法院仍判決呂秀蓮勝訴，但僅需將道歉聲明及判決書主文、理由，刊登於四家報紙頭版半版一天，估計約新台幣一九〇萬元左右，這不包括庭費和律師費。最後，最高法院維持二審判決，全案定讞。

陳水扁他自己在二〇〇二年底，也揚言控告《中國時報》誹謗。當報紙引述一位蘇惠珍女士說她在一九九八年陳水扁競選市長時，曾作政治捐獻，給了一張新台幣四百五十萬元的支票，總統府辦公室發出這樣的威脅。《中國時報》翌日在頭版立刻刊出道歉啟事。總統府發言人對此表示滿意，事情才暫告一段落。沒有任何的政府機關膽敢再去進一步去調查蘇女所言是否屬實。

在此同時，陳水扁總統甚至已經聘請陳玲玉律師，準備提出訴訟。她恰巧是由民進黨支持者成立的「防治新聞公害基金會」的理事長。這個基金會英文名稱是「促進媒體卓越」(Advancement of Media Excellence)，其中文名稱則用「公害」二字，中英文明顯不符。

在陳玲玉及執行長盧世祥的策劃下，該會曾提出非常詳細的計畫，準備針對國內六家主要報紙進行監看計畫，並聯合「台灣廣告主協會」，每兩個月公布報告。這個計畫最後無疾而終。主要因為在野黨立法委員強力反對，新聞局才取消了這個委託計畫。

棒子與胡蘿蔔的交互運用是民進黨最擅長的方法。過去縱使國民黨政府被批評為是威權政體，但是從來沒有控告過報紙。其他許多案例都曾被國外媒體揭露。這也是導致台灣新聞自由排名倒退的原因。

在「自由之家」國際組織的年度報告中，都有詳細的描述。再舉一些例子。控告洪哲政案（被控在二〇〇〇年七月洩漏軍事機密）；以國家安全為名，搜索《中時晚報》編輯室，和報導的記者家中；同時也搜索《壹週刊》編輯室和印刷廠，並沒收十六萬份已印好的雜誌。總部在紐約的「保護記者協會」，在二〇〇二年四月曾對此次搜索、沒收事件，寫信向陳水扁總統抗議。

媒體高層的任命

中華民國對於大陸地區進行廣播工作的中央通訊社以及中央廣播電台過去是在中國國民黨掌控之下。但這兩家私有企業已經分別在一九九六年及一九九八年民主化的過程中成為國家新聞機構。政黨輪替後，正因為它們的預算絕大部分是依靠政府補助，它們現在已經成為民進黨政府的宣傳機構。這兩個單位的負責人是由新聞局先提名後，經董事會認可接受；而且負責把關的總編輯和相關的重要職位也變成那些支持民進黨的人士爭相競逐的對象。專業能力已經不再重要。政治正確才是拔擢升遷的主要考量。

如果我們把焦點轉到電視台負責人的任命的話，這種以政治正確優先的現象就更為誇張刺眼。比如說台視董事長賴國洲，乃是李前總統的女婿，雖然台視在他的掌控之下已經連續五年虧損，但他仍然保有該一職位。至少，李登輝與陳水扁的共生關係應可確保賴國洲短時間內不需要另覓他職。

二〇〇四年七月，當江霞成為華視新任總經理的時候，輿論頓時大譁。她的知名度主要是來自二〇〇三年底坊間所流傳的「非常光碟」一事。那份光碟的內容充斥著對國親總統大選候選人的諷刺與惡意中傷。依據中華民國的法律規定，任何公開販售的娛樂性光碟必須事先向新聞局註冊，光碟的製作人和經銷商的名字也必須印在商標上。但是，非常光碟卻完全違反此一規定。新聞局一開始曾揚言要禁止非常光碟的銷售，但是卻沒有採取任何行動。因為該光碟明顯地散布誹謗和無理的內容，保守預估可能有數以千計的光碟片在非法情況下銷入市場，而這在選前的關鍵期間造成了相當的震撼。

然而，直到總統大選以後，社會大眾才明白江霞就是這份惡作劇非常光碟的幕後製作人，同時，大家也才知道江霞也常在競選期間搭乘陳水扁用來打選戰的總統專機。江霞也承認她所獲得的這份新工作是「政治酬庸」。

雖然華視的晚間新聞在各家電視台激烈競爭中享有最高的收視率。但是，在江霞入主華視不到一個月的時間內，該台新聞部的主管就決定辭職。緊接著，江霞又打破傳統，把一向是放在晚間八點檔黃金時段的綜藝娛樂性節目，改成由一個強烈支持民進黨且對國親兩黨充滿敵意觀點的草根性人物所主持的談話性節目。這個談話性節目已經成為媒體圈笑談的最新對象。它的收視率比它所取代的綜藝節目要低了很多。因此，對綠色媒體新貴而言，政治正確似乎比創造利潤或公正客觀更為重要。

「置入性行銷」策略

台灣的中央與地方政府依法可以花費公帑製播廣告，以宣揚新的行政措施。在國民黨執政時期，這筆經費用於報紙、機場看板、電視廣告中，以提醒人民施打疫苗、更換證照或僅做推廣觀光事業之用。中央或地方政府可在不受上級單位的干預下，自主地管理廣告活動。

民進黨接掌政權後，就改變這樣的情況。在二〇〇三年三月十四日，新聞局長葉國興提出將廣告預算集中支應，同時融合「置入性行銷」概念：也就是允許媒體在新聞報導或一般節目內容中，隱藏著政府所欲廣為周知的訊息，而不僅為一般人理解的普通廣告。他宣稱這樣的包裝手法將使政府政策「更易為人民所接受」。

葉的想法不單具革命性，它更直接違背了新聞與節目內容應中立、客觀、誠實與不摻雜廣告的原則。但新聞局不顧輿論指責，仍執意要做。這筆綜合中央政府與其下各單位的廣告預算一年即超過十億新台幣（約美金三千萬元），若將公營事業與政府銀行的廣告預算一併計入，總金額將高達六十億新台幣（約美金一億八千萬元）。它們構築了比棒子誘人的巨大胡蘿蔔。

任何人只需稍微瀏覽台灣的報紙或打開電視，便知民進黨政府是如何無孔不入地藉由媒體傳遞其訊息。媒體不再是監督政府的牧羊狗，而變成是政府的搖尾犬。二○○四年五月，葉國興升任行政院政務委員，一般推測正是因為他對執政黨的媒體控制有重大貢獻所致。

「改革」媒體？

就如同其他國家一樣，在台灣也有許多組織是在捍衛媒體的神聖性。「新聞評議會」就曾抗議過民進黨政府對媒體的胡蘿蔔與棒子的做法，但是它只是一隻沒有牙齒的紙老虎。「記者協會」與「報業工會」依然保持緘默，等待別人指出新聞自由受到威脅的嚴重性。

當然，台灣人民仍然有自由去批判政府，而且不會擔心受到報復。但是令許多學者與記者擔心的是，在台灣的「第四權」，除了少數扁政府刻意彰顯的例外，絕大部分已經陷入民進黨為其政治目的，而布下的細膩而高度有效的天羅地網之中。相信這個問題，不僅只有在台灣發生，在其他已開發或發展中國家也會有類似的情況。毫無疑問的，這應該受到全世界重視新聞自由之國際組織的重視。

陳總統在二○○四年五月二十日的就職演說中，特別提到媒體是眾多急需改革部門中的一個。如果他此番宣示是認真的，基於前述扁政府掌控媒體的趨勢，我們深深地為台灣新聞自由的未來感到憂心。

陸以正　哥倫比亞大學新聞學碩士
專欄作家、退休外交官
皇甫河旺　西維吉尼亞新聞學碩士
香港珠海大學新聞系教授
中華民國大眾傳播教育協會前理事長
張作錦　政治大學新聞學士
《聯合報》前社長

三十、哥倫比亞大學與台灣

（紐約的哥倫比亞大學在二〇〇四年適逢二五〇週年，舉辦一系列慶祝活動，其中包括九月十日至十一日由亞洲研究中心主辦的「哥大與中國」學術研討會。作者以校友身份應邀參加，主持第二小組研討，該組中發表演講者尚有前政大校長張京育與前東吳大學校長劉源俊兩位。本篇原稿係英文，題作"Dare We Dream If There'd be Such a Day…"，由作者自譯成中文。）

（原刊九十三年九月十日，在紐約「哥大與中國」學術研討會宣讀）

即使只就英語世界而言，傑出的大學多不勝數，如牛津、劍橋、哈佛、耶魯之屬，且不提麻省理工學院或柏克萊加大。但如從一所大學對世界另一地區能發生雖難具體描述、卻極其深遠的影響，尤其當它影響的是一個傳統迥異、正在經歷急劇而全盤轉型的國家而言，哥倫比亞大學實足以傲視世上其他高等學府，因為哥大教育過的曾對中國成為一個現代國家有特殊貢獻的華人，不計其數。

台灣的立緒文化事業公司兩年前出版過一本哥大講師王海龍所著《哥大與現代中國》，有夏志清教授作序；主要根據二〇〇〇年上海文藝出版社用簡體字印刷的王君原著，刪去幾乎一半，另補充新資料而成。這本書不是一份學術性的調查報告，而是以文學筆法描述十四位中國人與哥大的因緣。其中第一位的丁龍，甚至從未進過哥大。他從未受過學校教育，只是在加州淘金潮時發財的美國人卡本迪爾（Horace Walpole Carpentier，一八四二年生，卒於一九一八年）的僕人而已。

這個純樸的廚師，當他一九〇一年退休時，告訴卡本迪爾說，他要把他一生的積蓄，在當時可視為一筆巨款的一萬二千美元，捐給哥大以供「教授有關中國的學問」之用。卡本迪爾原是哥大校友，受這名僕人感動，後來陸續捐助哥大的總數超過二十五萬美元；但他堅持不肯用自己的姓名冠於所設講座之前。直到今天，它依然被稱為「丁龍中國研究講座」。

哥大傑出的華籍校友可云不計其數，在此書所描述的十三位中，我有幸曾見過其中兩位。其一是傳奇性質的外交家顧維鈞（一八八八年生，卒於一九八五年）。顧氏在一九一八年的凡爾賽宮和會上，曾為中國的權益力爭，後來成為中國外交史上唯一曾先後駐節西方三強——英、法、美——的大使。聯合國在舊金山成立時，他是中國代表團的團長；退休後又擔任過海牙國際法院的法官。

對我那一輩人而言，顧維鈞是我們心目中深信祖國終有一天會揚眉吐氣的象徵。他是促使我在民國三十一年進入中央政治學校時，選擇進外交系的原因。我在二年級時，顧大使從倫敦任所回到重慶述職，曾應邀來政校向外交系學生演講，是我難忘的經驗。

三十年後，我以駐美大使館公使銜參事兼任駐紐約新聞處主任時，他已從國際法院退休，住在紐約中央公園旁的第五大道上。我永遠難忘他有一次邀請駐紐約的夏功權總領事和我到他家裏午餐，讓我見識到什麼才是雍容高貴的生活方式，以及一位外交老手如何對後進人員在這種場合裏閒話家常。

但從個人對中國現代化的影響來看，顧氏又要比胡適（字適之，一八九一年生，卒於一九六二年）稍遜一籌。由胡適與其他人領導的五四運動，掀起了中國現代的民族主義，其副作用之一是白話文學運動，「我手寫我口」，徹底改變了中國人傳統使用文言的表達方式。

從哥大畢業後，胡適回到北京大學教書，投入新文學運動，並提倡「賽先生(Science)」與「德先生(Democracy)」。對日抗戰時，他曾任駐美大使四年，戰後仍回北大任教。共產黨統治大陸後，他又去了美國，隨後來台出任全國最高研究機構中央研究院院長，直至謝世。

民國三十六年，我在南京做記者，採訪制憲國民大會時，曾經訪問過他。十年後他回台灣，我又採訪過他。雖然有人對他偶爾參與政治不大諒解，適之先生對台灣民主的支持不容懷疑，否則他不會容許《自由中國》週刊被官方查封前，一直把他列為名義上的發行人。

王海龍這本書提及的其餘人中，有馮友蘭（一八九五年生，卒於一九九〇年）。馮氏的鉅著《中國哲學史》在出版後四分之三世紀的今天，仍被視為權威之作，曾被譯成多種西方文字。不幸他在一九八三年回哥大接受榮譽博士學位時，因為在文革時期與江青走得太近，變成有爭議的人物，無復舊日風光了。

還有就是馬寅初（一八八二年生，卒於一九八二年），一度曾任北大校長。這位名經濟學家當年因為信奉馬爾薩斯的人口論，膽敢直陳人口過剩是中國最大的問題，惹火了毛澤東，雖然他兼為人大與全國政協的常務委員，照樣被盲目追隨共黨路線的人罵得狗血淋頭。老毛死後，北京才改採一胎政策，但馬寅初已經等不到那一天了。

另外一位傑出的哥大校友是中國名教育家張伯苓（一八七六年生，卒於一九五一年）。張氏二十二歲時就辦起私學，最初只有五名學生，很快就成為全國最著名的私立學校；周恩來曾是南開中學的學生。一九一七年，張伯苓四十一歲時，進入哥大教育學院；兩年後回國創辦南開大學，初起學生才一百人。

不到二十年，南開已是全國赫赫有名的高等學府。對日抗戰期間，南開與清華、北大在昆明合組成國立西南聯大，印證了它的學術地位。一九四六年，哥大授予他名譽博士學位，哥大出版社為表示賀意，特別出版了一本《還有另一個中國》(*There is Another China*)，由前燕京大學校長，戰後曾任駐中華民國大使的司徒雷登 (J. Leightton Stuart) 作序。

王著未提在台灣數以百計的哥大校友，原因自可瞭解。他們中間有許多位曾對寶島的發展留下不可磨滅的痕跡，如旗下事業從紡織到汽車的吳舜文董事長，曾以吳舜文基金會的名義捐助二百萬美元，供哥大新聞學院研究思考新聞教育的未來走向，與提供不論來自台灣或大陸的華裔學生獎學金之用。

最後讓我回歸本文主旨：最初使我興起今天這個幾近不可能的夢想的哥大校友，其實是董顯光

（一八八七年生，卒於一九七二年）。新聞記者出身的董先生，抗戰時期加入政府工作，在五〇與六〇年代曾先後擔任駐日本與駐美國大使。

一九一二年，美國報業巨子浦立茲（Joseph Pulitzer）捐款在哥大創立新聞學院時，董先生剛從密蘇里大學新聞系畢業，立即申請入哥大進修，成為新聞學院第一期的學生。那一班總共才十五個人，但其中不乏傑出人才：如艾克曼（Carl W. Ackerman），第一次世界大戰時去德國做隨軍記者，後為新聞學院院長多年；佛萊塞（Leon Fraser），小羅斯福總統的財政部次長；和人人皆知掌握《紐約時報》大權幾十年的薩爾茲貝格夫人（Iphigene Ochs Sulzberger）。

老實說，一九三七年蘆溝橋事變時，中國實際仍停留在十九世紀裏，百廢待舉。戰事開始後，總不能沒人檢查外國記者發出的電訊，因此先找董顯光來做這件事。其後政府感覺有加強對外宣傳的必要，又要他擔起這個前所未有的責任。在董先生領導下，篳路藍縷，成立中宣部國際宣傳處，比美國設立戰時新聞總署（Office of War Information，簡稱OWI，戰後改為美國新聞總署），還早五年。靠國際宣傳處全體的努力，我國對日抗戰的故事才得為世人所知。

直至今日，董先生戰時對國家的貢獻，對大多數國人仍然陌生。他網羅了許多位最優秀的人才，在國際宣傳處與駐外單位任職。說來可憐，這些海外辦事處多數只有一兩個人在獨力支撐。例如葉公超（曾任星加坡與倫敦辦事處主任）、朱撫松（倫敦辦事處）、溫源寧（香港辦事處）、夏晉麟（倫敦，後調紐約辦事處）、沈劍虹（舊金山辦事處）、鄭寶南（芝加哥辦事處）、沈錡（重慶國際宣傳處）、魏景蒙（重慶）、曾虛白（重慶）、彭樂善（重慶，主管廣播）、與高克毅（紐約的編輯，後以筆名喬志高著稱）等。

這份名單只是舉例而已，掛一漏萬，它卻是董先生領袖群賢與無私報國的最好見證。董顯光與蔣中正夫婦兩人的友誼極為密切，如果他腦袋裏有一點點政治細胞，他很可能成為台灣外交與新聞界幾十年的「教父」。但他壓根未作此想，夫婦倆退休後在台灣過著簡單的生活，直至謝世。

民國三十五年，我還只是個少不更事的新進記者，有幸曾參加南京新街口剛成立的行政院新聞局的首次記者會，就是由董先生親自主持。七年後滄海桑田，我在韓國當聯合國部隊翻譯官，勉強存夠了足供赴美進修的款項，冒昧地從韓國軍中寫信給駐日本的董大使，請他替我寫封推薦信，以便連同我的入學申請書，一併寄給哥大新聞學院。他在駐日大使館辦公室裏接見，當場就給了我一封信。

那時我已經知道董先生真正的理想，是希望中國總有一天，能有像美國那麼自由與公正的報界。抗戰最艱苦時，我還在政校外交系二年級，他說動了當年同班同學哥大新聞學院的艾克曼院長，派了五名教授到重慶來，幫助中央政校創辦新聞學院。那可說是哥大歷史上初次協助另一個國家的新聞教育。那五位由克羅斯教授 (Harold Cross) 率領，包括吉爾柏 (Rodney Gilbert)、貝克 (Richard Baker)、德瓦雷 (Anthony Dralle)、與羅傑斯 (Floyd Rogers)。

草創的政校新聞學院只招收大學畢業生，課程完全倣照哥大新聞學院，用英語教學，每年只收三十名學生，到二戰結束，教授們急於回美國，因而停辦。董顯光自兼院長，每一個學生他都認識，其中包括台灣英文《中國郵報》的創辦人余夢燕（一九一六年生，卒於一九九二年），與曾任國立政治大學新聞系主任多年的王洪鈞（一九二二年生，卒於二〇〇四年）。

多年以後，我在美國又認識了更多新聞學院的學長，如沈昌瑞、歐陽美生、陶啟湘、談全宇、李惠玲、殷姍姍等。他們年齡比我只大幾歲，但因為共產黨席捲全國，不但打斷了他們的生涯規劃，也破碎了董先生要效法哥大楷模，在中國建立一所永久的新聞學院之夢。

在紐約服務時期，我的朋友俞德基教授先是哥大新聞學院副院長，後來晉升院長。他退休後住在紐澤西州，我也轉調歐洲與中南美，彼此偶爾互通音問。八〇年代我任駐瓜地馬拉大使時，他應國立台灣大學邀請來台，幫台大籌設新聞研究所。那年互寄聖誕卡時，他開玩笑說，我應該辭職回來做所長；我也俏皮地回答說，因為我沒有博士學位，教育部絕難同意。事實是台大與哥大這項合作，主要建立在個人基礎上，而非兩所大學間的正式結盟。後來聽說研究所雖然辦起來了，與德基兄的構想仍略有距離，更別提董顯光的夢想了。

今天，二十一世紀已經開始了四年，有的評論家預言這將是「中國人的世紀」。我個人不敢相信，因為歷史常會無情地戳破過份膨脹的汽球。但這也並非說中國沒有這種潛力存在，無論就地理、人口、與經濟規模而言，雖然略嫌誇張，不能說全無可能。

外國的政客與評論家戴著玫瑰色眼鏡看中國，常會忽略是什麼人或什麼原因使二十世紀成為「美國人的世紀」。這源由不是美國許多人奉為偶像的第二十六任總統老羅斯福 (Theodore Roosevelt) 的夢想，也並非美國巨大的財富、地理位置或軍事力量。依我的淺見，美國主宰的和平 (Pax Americana) 所以與十八與十九世紀裏由英國主宰的和平 (Pax Britannica) 不同之處，實源自美國能始終維持對民主、人權、與新聞自由等崇高道德原則的執著。

我的意思很簡單，如果中國有意在世界舞台上發揮其影響力，必須放鬆隱蔽難察但確實存在的對十三億人民的嚴密控制。要做到這一點，就要先解除毛澤東思想與過時的政府組織的鏈鎖，讓每個國民的潛力充分發揮到極致；該採的第一步，就是讓新聞傳播多開放一點。

請注意我並未使用新聞自由這樣的字眼；我只希望少一點絕對的控制，作為比較容易踏出的第一步。近年來曾去中國旅行過的人，必定曾注意到改革開放所帶來的生龍活虎般的氣息。這五年來，我去過大陸五次，其中三次都是應半官方組織邀請，參加兩岸關係討論會，感受更深。

因為曾服務新聞界，無論在哪個大城市裏，我對街頭報攤上所陳列的五光十色的各種報章雜誌，印象頗為深刻。一夕之間，中國各地忽然冒出了千百種報紙和期刊，不一定直屬政府或黨委管轄，卻總與權力結構裏的某位人物有某種關連。這種關係究竟如何並不重要，要緊的是這些報章雜誌的數量如此龐大，內容又如此千變萬化，使黨對印刷品內容的管制越來越難全盤掌控了。簡言之，這些期刊能生存的事實，讓我對中國未來傳播界乃至政局的前景，興起一絲希望。

今天我們聚集在羅氏圖書館這間會議室裏，討論哥倫比亞大學與中國的關係。容許我在結束這篇演講時，呼籲在場各位，正如歌舞劇「唐吉柯德」(The Man of La Mancha) 主題歌詞所云「做一個不可能的夢」(to dream an impossible dream)。讓我們也來做夢：下次哥大與中國有關的計畫，是到那裏去創辦一所新聞學院，或與當地大學透過學術合作，辦一個新聞研究所。其目的不僅在於把哥大久負盛名的新聞教育精神，短期地延伸到另一個國家去。讓我們祈禱，有一天哥大能驕傲地指出，它曾對世上最大國家的思想解放，做出過些微貢獻。

三十一、扁政府還是沒學會外交規矩

（原刊九十三年八月十三日《聯合晚報》）

民進黨再次執政以來，對外交的重要性似乎略多了些領悟。去年那種天不怕地不怕，左打大陸右批美國的神勇氣概，較前收斂了。陳總統也比較懂得不能隨便開口，不顧外國的反應了。呂秀蓮的「準戰爭狀態」話一出口，總統府趕緊滅火，不能不說是略有進步。

但有一樣始終沒有學會，就是依照一九六三年維也納外交關係公約第四條規定，儘管雙方並無正式邦交，在派遣使節之前，禮貌上必須先徵求駐在國的同意。四年前陳水扁剛做總統，派程建人使美，因急於發表而未先徵求國務院同意，被壓了兩個多月，總算因為程建人過去駐外年資幾乎都在華府，未被美國拒絕。

這次政府先放出風聲，說簡又新將出使比利時兼駐歐盟，臨時忽然爆出了程建人。看來又未事先向兩方徵求同意，程代表恐怕又要在台北等上一陣子。

駐外使節儘管有特任與簡任之分，傳統上派駐對我特別重要國家的人選，必須能得總統信任。

簡又新馬失前蹄，與葉秀貞案關係不大，卻與他外長任內表現有關。如果說程建人與他之間有心結，可能因外交部硬把程代表與夏馨的通話紀錄，對外說成「賀電」而起。

國人都記得四月初時，府院對白宮遲遲不來電祝賀「當選」，焦急萬分。外交部頻頻去電催促，程建人感受的壓力可以想像。以程細膩穩重的性格，他與夏馨通電話後報部的，應該是談話紀錄。我判斷外交部指令要他取得夏馨簽名，他憑藉個人友情辦到了，政府卻拿來當作賀電發表，引起國務院反彈。簡又新丟掉部長紗帽由此而起；他駐歐之夢破碎，恐怕與此也脫不了關係。

三十二、臨時會修憲　親民黨勿當箭靶

（原刊九十三年八月九日《聯合報》）

親民黨面臨的危機，受南部選票的影響不大，更與立法院下週臨時會中，能否把憲法修得令全國人民都滿意無關。

張昭雄副主席的話固然不錯；修憲這樣的大事，必須慎重處理，不能在八天內匆促完成。而且僅把立委人數減半，也不見得就能使立法院亂象一夕之間改觀。回顧李前總統時代，六次修憲把憲法弄成現在這種亂七八糟的情形，當時聯手推動的國民黨與民進黨都該負點責任。親民黨那時尚未成立，所以現在才有資格說風涼話。

但天下本無十全十美的制度；歸根究柢，還是事在人為。政治並非在真空狀況中進行的實驗，而是在種種不完美條件下，尋求最易為各方面接受的妥協。陳水扁與民進黨已經被林義雄所逼，承諾在此次臨會通過修憲案。國民黨的態度也十分明確。下週臨會中如果修憲案過不了關，從綠到藍四面八方來的指責，可能都以親民黨和宋主席作為箭靶，甚至影響到台灣政治前景，不可忽視。

台灣今日最大的危機，對外是兩岸關係緊張，戰禍恐難避免；對內則是執政者刻意模糊憲法精神，硬要把雙首長制變成帝制總統。這是人民對修憲寄以希望的原因。不論親民黨理由多麼充分，作為第二大在野黨，別無選擇，必須拋棄其他考慮，支持修憲案，而非拖延阻擋，錯失時機。

親民黨對修憲的態度原本相當正面，主張把五權憲法改成三權分立；雙首長制改為內閣制，真正發揮在民主憲政體制下三權互相制衡的機能。要達成這些目標，單靠眼前的修憲案自然不夠，必須領導者洞燭機先，採取大膽的行動配合。

什麼行動呢？就是加強立法院在人民心中的比重，讓國會真正成為力能遏制帝制野心，任何人都搬不動的大石頭。內閣制的精神，本來就是各政黨以國會為辯論政策的唯一場所。只因台灣幾十年來，始終未能拋棄列寧式政黨的包袱，各黨都以中常會為決策機構。而政府實際運作則由行政權掛帥，立法院雖然吵吵鬧鬧，終究改變不了行政院的決定，這才是現行憲政最大的缺點。如果各黨領袖都進入立法院，情形就會完全不同！

三年前立委選舉時，宋楚瑜把自己列為親民黨不分區名單第十三名；選舉結果，九名以前都入圍了。今年如果親民黨不分區名單以宋楚瑜和張昭雄領軍，就會氣勢大增，令人刮目相看。假如國民黨也同樣辦理，不分區名單的前三名是：連戰、王金平、江丙坤，一定會使藍營氣勢大振，才有過半希望。

至於宋主席指出：立院現有十二個委員會，委員數減半後每個委員會只有十位委員，三個人就能開會，恐成集錢又集權，也不能成為理由。美國參議院只有一百人，卻設有二十個常設委員會，下分六十八個小組委員會，還有四個與眾議院的聯合委員會。只要採取資深議員制度，每位委員參加哪個委員會，概由黨團指定；各委員會主席均由多數黨擔任，少數黨最資深者則為候補主席。只要修改立院內規，這些問題都可迎刃而解。

立院臨時會即使通過修憲案，須待選出任務性國民大會認可，年底選舉仍將選出二二五名立委。但放眼三年後，只要委員數減半，單一選區兩票制實施，譁眾取寵者不易連任，整體形勢有利藍營。從國家長期安定著眼，讓臨時會通過修憲案，才是當前要務。

三十三、民主黨大會　超級政治秀　選民沒興趣

美民主黨大會　國家廣播公司四天只轉播三小時　比國外媒體還短

（原刊九十三年七月二十七日《聯合報》）

有一百五十年歷史，從未間斷的民主黨全國代表大會，台北時間今晨八時在波士頓艦隊街展覽中心揭幕。這場為時四天的超級政治秀，出席者有四位前任總統或總統候選人、全美五十州與各屬地初選或黨團會議選出的四三五三名代表與六一一名候補代表、所有民主黨籍的州長與參眾兩院議員、以及該黨全國委員會委員。旁聽席上還有來自世界各國的貴賓，與全球一百幾十國的平面與電子媒體記者，數以千計的工作人員，總數幾達一萬五千人。

大會為配合電視轉播，只在每晚黃金時段開會，白天反而休息；節目排得滿滿地，演講長度都有限制。但在美國民眾眼裏，兩大政黨全代會的新聞價值越來越小，今年更不值錢。美國各大電視網都已放棄全程轉播，只選擇性地播放一些演說重點，如國家廣播公司（NBC）預計四天總共只播三小時，開幕與閉幕日較長，中間兩天更短。反而外國媒體如阿拉伯 Al Jazeera 電視台，現場轉播的時

間比美國電視台還長。

副手已知　沒有懸疑性

兩黨全代會在美國歷史上一向是舉國矚目的大事，因為它四年才開一次，在會中決定誰代表該黨出馬競選總統。共和黨一八六〇年在芝加哥舉行全代會時，拖了整整二十天，到第三次投票時，林肯才脫穎而出。一九三二年的民主黨全代會也是在芝加哥，小羅斯福也經過四次投票方才獲勝。兩黨最後一次真正有競爭的全代會都在一九五二年，史迪文孫與艾森豪分別獲得提名。此後各州初選或黨團集會制度逐漸成形，不等召開全代會，大家都知道該黨的候選人是誰了。近二十年來，只剩副總統候選人還留待開會期間，由各大集團換票來決定，稱為horse-trading。今年穩操勝算的麻州參議員凱瑞，三星期前就已宣布北加羅林納州的愛德華茲參議員是他的競選夥伴，最後一點懸疑不復存在，難怪一般老百姓會不感興趣。

但全國代表大會還是有它一定的作用，就民主黨此次大會而言，主要目標在凸顯凱瑞具有吸引群眾的魅力，能在十一月大選時，擊敗尋求連任的布希總統。這個願景說來容易做時難，凱瑞投入競選已經一年多，參加過四十幾場候選人的公開辯論，迄今已花費八千萬美元買電視廣告，然而除少數熱心民主黨員與堅決反對布希的自由派而外，大部分選民對凱瑞的印象仍舊很模糊。儘管《紐約時報》CBS的民意調查說他已超前布希兩三個百分點，仍在誤差範圍以內，到投票時鹿死誰手，尚未可知。

有史以來　最貴的選舉

布希挾現任總統的優勢，不論民主黨拋出什麼議題，政府總能立即回應；唯有這四天的全代會是一黨獨佔的舞台，共和黨插不進手。一九九二年，老布希總統尋求連任時，柯林頓靠他個人年輕魅力與滔滔不絕的口才，在紐約全代會時，一舉衝天，民調支持度比老布希高出二十四個百分點。巧逢攪局的第三位候選人裴洛適在此時宣布退選，加上經濟不景氣的因素，使他順利入主白宮；有此前例，民主黨人期望凱瑞也能步柯林頓的後塵。

全代會在法律上也有它的特殊作用。聯邦政府等兩黨正式選出總統候選人後，會發放每黨七千五百萬美元的競選補助費用。兩黨的全國委員會作為財團法人，依法得接受政治獻金，與候選人個人是兩回事。不過，據估計凱瑞陣營到六月底已經募集三億六千一百萬美元，布希方面則募到兩億兩千八百萬美元。今年美國這場大選，雙方迄今募集的金額已比兩千年大選同期增加了百分之七十四，這將是美國有史以來花費最昂貴的一場選舉，實在也是民主之恥。

凱瑞究竟有無希望取代布希呢？現在還很難判斷。美國自雷根總統開始，保守主義逐漸成為主流思想，自由主義始終處於挨打的地位。中間雖有柯林頓執政八年，並未完全扭轉劣勢。民主黨左派原以伊拉克為攻擊布希的最大理由，六月底美國提前還政伊拉克過渡政府，不管是真是假，已收釜底抽薪之效。凱瑞雖揹著自由派的招牌，去年曾投票支持對伊出兵，無法自相矛盾。加上狄恩州長競逐提名慘遭敗績的前車之鑑，凱瑞總部甚至婉告預定在這次全代會的演講人，避免在伊拉克問題上多所著墨。

競選口號　台灣也適用

民主黨今年的競選策略，只能以國內問題為主軸。依提交全代會討論的競選政綱，分成保證國家安全、重振經濟、改善醫療制度、與建立社會和諧四點。有趣的是：如把國家安全改成海峽兩岸和平，醫療制度讀作改進健保缺失，社會和諧解釋成族群和諧，簡直可作為台灣不論藍綠兩方都可適用的競選口號。它傳達的訊息就是：在這些議題上民主共和兩黨其實差異甚微；十一月投票時誰能當選，仍靠候選人的個人因素而定。

對華政策　只有一句話

台灣最關心的美國對華政策，在這份長達四十一頁文件裏，只有一句話：「我們將信守『一個中國』政策，並將繼續支持既符合台灣人民意願與最佳利益，又能解決海峽兩岸問題的和平手段（We are committed to a 'one China' policy, and will continue to support a peaceful resolution of cross-Strait issues that is consistent with the wishes and best interests of the Taiwanese people）。」政綱本來就要面面俱

到，誰也不得罪。我國政府花大錢派去「觀察」民主黨全代會的官員學者，肯定無法影響或改變隻字片語，回國時也難誇稱對民主黨政綱有過任何貢獻。

假設凱瑞得天之助，力挽狂瀾，贏得今年大選，那時他選什麼人出任國務卿，才是國人應該關心的重點。曾任柯林頓國安顧問的柏格，週前因爆發私取九一一機密文件的往事，自動退出凱瑞總部，以免影響選情。目前，呼聲最高的是曾經任無任所大使與常駐聯合國代表的郝爾布魯克(Richard Halbrooke)。此人曾主管遠東事務，略有偏北京的傾向，但也不會比雷根當年起用的海格更糟。民進黨政府歷年派往美國與政府或智庫接觸的官員學者，似乎無人曾與郝氏有過接觸，到時只能急起直追吧。

三十四、「危機處理」政治學

駐英代表處一誤再誤，發給拉法葉弊案通緝被告汪傳浦之妻葉秀貞護照後，再認證她申辦委託書，不可思議。昨晚駐英代表田弘茂與經辦人張家華都回到台北，田並在機場向記者說明事實。平心而論，駐外單位與國內主管機關都有疏忽，應該各打五十大板。

在國外部分，駐英代表處曾經收到領務局公文，列舉汪傳浦全家姓名年籍；汪家就住在英國，館長應曾批交領務組特別注意。承辦人居然說沒見過這份公文與清單，只因上網查詢，見她不在列管名單內，就逕自照發，不可原諒。

國內的疏忽，則領務局與入出境管理局都有責任。領務局雖指揮駐外單位有關領事業務，人民是否列管其實是境管局主管範圍。拉法葉案特調小組既然認為汪傳浦全家六人皆涉嫌洗錢，列為偵字案被告，境管局就應把他們都加入列管名單。這個漏洞才是真正關鍵，領務局屬外交部，而境管局則屬內政部管轄，要追究責任，兩者都難逃避。

（原刊九十三年七月二十六日《聯合晚報》）

游揆為何為此事震怒呢，道理很簡單。阿扁連任才兩個月，選舉訴訟猶在進行，七二水災百廢待舉，呂副總統移民說延燒不止。政府舉目四顧，到處都在挨罵，葉秀貞案無異火上添油。此所以府院雙方必須緊急實施政治學者所謂的「危機處理」(crisis management)，也就是軍事術語的「傷害控制」(damage control)，免得這把火燒到眉頭。

前外交部長簡又新與田弘茂雖曾為陳水扁效命，究竟不是嫡系，也不曾響應游揆號召加入民進黨。拿他們殺雞儆猴，足可顯示政府勵精圖治之心。如說簡又新該為領務局負責，那麼境管局當時的上司余政憲呢？這就是府院都不提內政部的原因了。

三十五、中國舞劍　意在美國

（原刊九十三年七月二十日《中國時報》）

許多人眼看李顯龍來台作私人訪問後，北京如此強烈反應，感到不解。從李光耀執政開始，尤其在蔣經國時代，星國與台灣的關係異常密切。直到李登輝總統時，兩國邦誼才逐漸降溫。但星加坡仍然固守獨立外交的立場，不肯隨波逐流，搶搭到北京的列車。直拖到一九九〇年，才與中共建交，由錢其琛與星加坡外交部長黃根成在紐約簽署的公報的英文原文只有一句話，就是：「中華人民共和國政府和星加坡共和國政府決定，在和平共處五原則和聯合國憲章的原則基礎上，自一九九〇年十月三日起建立外交關係，互派大使，並為對方使館履行公務提供便利」，其他一字未提。

因此，星加坡可說是舉世獨一無二，在建交時未曾接受中共定義下「一個中國」原則的國家。李光耀雖在那年十一月卸任，退居「資政」(senior minister)，他在《回憶錄》中自承，在政府大樓中他原來的辦公室都沒有搬動。吳作棟也不便趕他，客氣地另外找了間屋子作新總理辦公室。轉眼十四年過去了，吳作棟八月十日即將把棒子交還給李顯龍，進退有序，證明星加坡仍是人民行動黨的天下。

李顯龍五月十三日至十七日訪問大陸時，還與中共簽署了九項備忘錄，以示將致力加強中、星間合作關係。兩個月後他來台灣，臨行前還禮貌地通知了北京駐星大使張云，說此行純係私人性質，卻引起大陸如此憤怒。回顧建交談判時中共默許星加坡仍可與台灣往來的無言承諾，前後判若兩人。為什麼會變成這樣子呢？不外兩個原因。

首先，在北京看來，一九九〇年與星加坡建交，旨在補全與東南亞關係的唯一缺口。前一年天安門事件後，中共在國際間陷於孤立，而李光耀卻是國際寵兒，所以不惜代價要把他拉過去。如今時移勢遷，大陸已擠入強國之林，對這個三百萬人的彈丸小島，再無另眼相看的必要。北京自「五一七授權聲明」後，對台政策已經定調，決心打擊台獨，不再寄望於陳水扁和民進黨。趁此機會，拿星加坡來開刀，正可表示十四年前的諒解不算數了。這一連串姿態清楚地警告李顯龍，不能再學他父親左右逢源的手法，否則更嚴峻的懲罰還在後面。

其次，白宮國家安全事務顧問賴斯此次訪問北京，軟硬兼施，看來大陸並未佔到便宜。北京甚至可能懷疑：李顯龍如此遊走兩岸，曾否受到美國幕後無聲的鼓勵？中共對星加坡的疾言厲色，從迫不及待地取消人民銀行行長周小川去星演講，到終止大陸官員赴星接受訓練，雖有點像搬磚頭壓自己的腳，意思卻極明顯。北京政府是要借處理與星加坡關係，對美國發出明確的訊號，如果華府繼續拿台灣關係法作擋箭牌，暗地放縱陳水扁搞台獨，必須準備付出代價。

星加坡外交向來沉穩，但面對這樣巨大的壓力，也有點承擔不起。章啟月七月十一日答記者問時說，李顯龍以副總理身份訪台，已經「損害中國的核心利益和中星關係的政治基礎，傷害了十三億中國人民的感情」，語氣之嚴重，前所未見。因此李顯龍辦公室的回應聲明，也加入了星國「將秉承一個中國政策」的辭句。除非大陸再有什麼石破天驚的舉動，這個回合到此應該算結束了。台灣雖勉強置身事外，我們的國際空間恐怕又受到一次壓縮。

三十六、制訂執行外交政策 呂副總統越俎代庖

向中南美友邦使節探詢 有無可能合辦「合作農場」

（原刊九十三年七月十九日《聯合報》）

呂副總統的移民中南美洲說惹起原住民反彈後，各報有條短訊報導說，她特地邀請中南美各國駐台使節茶敘，要他們向本國政府探詢，有無提供土地，與台灣合辦「合作農場」的可能。一般人看這條新聞可能沒什麼反應，研究公共行政與憲法的學者卻不禁錯愕，從什麼時候起，我國外交政策的制訂與執行權，由外交部轉移到副總統辦公室去了？

行政院游院長也該向外交部查問，因為台灣有無向外移民的必要，應該由院會討論後，就政策層面交由有關部會先作全面檢討，其考慮因素不一定都與七二水災有關。各部會商討後，都同意我國確實人口過剩，有向外移民需要時，第二步應該先制訂移民政策：每年向外移民若干人，經費如何籌措，對個別移民家庭的補助標準為何，怎樣訓練並輔導他們創業等。政策綱領決定後，第三步才是向友邦探詢有無接納我國農業移民的意向。

真正替人民服務的政府，面對移民這樣嚴肅的課題，必須慎重考慮執行政策時的成敗得失。移民家庭初到完全陌生的環境，語言文字造成的溝通困難，還是小事。這幾天已有許多去過中南美的國人投書各報，指出那裏生活條件遠不如台灣，移民初期定然難以適應；因為一般而言，在這些國家的偏遠地區，自來水與電燈都是不敢想望的奢侈品。他們漏未提及的一點，是開墾區不可能有像樣的中小學校，移民的子女教育問題難以解決，唯有送到首都去就學一途；豈旦父母牽心掛肚，負擔一家分居兩地的生活費更是問題。

假如與該國成立合作農場，土地如何取得的問題暫時擱開不談，其他所有費用還是全歸我方負擔。移民家庭在離台前，就需要很大一筆安家、訓練與川旅費用。抵目的地後，合作農場要替他們個別安排住所，提供最簡單的傢俱用品、農具種籽、肥料農藥、乃至集體所需的交通工具、通訊設備、重型機械、水利灌溉，在在需錢。初到國外不可能有收入，農場至少得養活他們一年。粗略估計每一家庭總要四、五十萬美元才能保證不致半途而廢。一百家或五百家人集體移民到中南美要花多少錢，簡直不敢想像。

副總統不顧媒體幾乎異口同聲的批評，我行我素，跳過綜攬國家大政的行政院與主管對外事務的外交部，逕自向中南美各國駐台使節詢問合作的可能。這種擾亂行政體制，視政策的制訂與執行如兒戲的做法，在任何民主國家都不足為訓。料想本文刊出後，副總統辦公室會說，只是隨便問問，有那麼嚴重嗎？問題在於，老百姓問問無妨，副元首代表國家，她的一言一行，外國使節不會把它當作隨便的詢問，定然會請該國外交部轉詢有關部門查覆，這就是國家與國家間往來的常規。外交應該是外交部的職掌，他人無論職位高低，都不可以越俎代庖。

三十七、歡迎李顯龍來訪兼論我與東協關係

（原刊九十三年七月十二日《聯合報》社論）

昨天的兩條消息，星加坡副總理兼財政部長李顯龍公開來台訪問，與總統府秘書長蘇貞昌密訪菲律賓而被馬尼拉華文媒體曝光揭露，形成有趣的對比，其實更可引發我國與東協各國間雙邊關係的省思。

國人很少記得：全球一百六十幾個與大陸建立正式外交關係的國家，唯有星加坡一國在談判時完全拒絕北京所提「一個中國」原則。強如美國，一九七八年十二月十五日與大陸簽訂的《建交公報》，尚且有「美利堅合眾國承認中華人民共和國政府是中國的唯一合法政府」的詞句。星加坡直到一九九〇年才與大陸建交，比美國晚十一年多，其時蔣經國也已逝世。但李光耀總理向鄧小平說，我不能背棄朋友，正如我將來也不能背棄你一樣。因此他與大陸簽署的《建交公報》只有一句話，兩國決定即日起建立正式外交關係並互換大使，此外別無一字，比卡特有骨氣多了。

十幾年來，東亞情勢變遷，星加坡與中共雖逐漸接近，並未捨棄台灣。反而是因為李登輝到陳

水扁兩位總統的政策走向，使台星之間越來越顯得疏離。李光耀雖是華裔，星政府也提倡華文與英文、馬來文並重，卻從未對大陸抱有任何幻想。星加坡是個多種族國家，執政者更不能被誤認為「大中國主義者」。李光耀一貫的思想是認為中國是崛起中的強國，鄰近各國應該認清這個無可抗拒的趨勢，及早參與大陸的經濟開發，從而影響中國政府逐步走向民主自由的道路。他代表的是世界級政治家洞察局勢的高瞻遠矚，而非井底之蛙只顧目前的短淺眼光。

一九九〇年底，李光耀交棒給吳作棟，自己雖退居資政，仍然不斷為星加坡的利益四處奔走，今年四月與六月，他就去了兩次大陸。吳作棟已宣布將於年底前退休，交棒給李顯龍，井然有序。李顯龍上月剛訪問過大陸，此次來台的弦外之音，除培養個人聲望外，也有暗示星加坡在兩岸關係上，仍將保持平衡的意涵。

與星加坡高超的外交手腕相比較，台灣四年來處理對東協各國實質關係的成績，只能以「毫無章法」四個字來形容。大陸已經簽署了「南中國海各方行為準則」，去除了東協各國對南沙群島主權歸屬的疑懼；即將進階到「東協十加一」，構成規模僅次於歐盟的自由貿易區，嚇得日本與南韓急起直追。而台灣呢？仍脫不出呂秀蓮副總統前年八月在印尼且戰且走，擺地攤式的游擊外交模式，只求表面熱鬧，不問實質利益。蘇貞昌帶同陳菊跑了一趟馬尼拉，曾否見到連任的艾若育總統，當局諱莫如深，但即使見到了又如何？

外交的目的在維護並爭取國家的整體利益。而民進黨政府的施政重點，似乎只求讓陳總統今年能去菲律賓訪問，以便在國內製造「台灣走出去了」的假象，其他在所不顧。這種出口轉內銷的政治炒作手法，對國家究竟有無幫助，實已無待贅論。實際就台灣與東協各國關係而言，亟待加強修補的地方太多了。即使欲求實現基本教義派因企圖移轉西進熱潮，再度高喊的「南進政策」口號，也有賴於駐外人員默默耕耘，而非到處宣揚所能達成。

看來蘇貞昌馬尼拉之行的唯一效果，只是惹得大陸駐菲大使館強烈抗議，艾若育總統被迫重申菲律賓仍將謹守一個中國原則，迫使陳水扁取消訪菲之意，民進黨與綠營人士對「中國的打壓」又大罵一頓，如此而已。

三十八、要災民移民　空口說白話

中南美只歡迎工業投資　對墾荒沒興趣　要移民須有詳盡計畫

（原刊九十三年七月十二日《聯合報》）

連辜寬敏資政都看不過去了，呂副總統依然不改初衷，堅持她前幾天讓七二水災災民移往中南美開墾的主張。她說這是向歷史負責的做法，只因媒體報導錯誤，才使民眾未能諒解她的一番苦心。

民國四十九年，我初次訪問中南美洲十國。民國七十年，出乎意外地奉調去瓜地馬拉擔任大使；此後九年多任期中，遍歷中南美友邦多少次，對該地區略有認識，也與包括貝里斯等國的政府，實際談判過有關移民事務。對呂副總統堅持的意見，只能說熱心有餘，思慮不足，對當地政治、經濟與社會情況尤欠瞭解。

集體移民國外唯一成功的案例，是日本在二次大戰後移民巴西。因為日本政府全力支持，從出發前的組織訓練，到抵達後開發所需技術與經濟支援，一樣不缺。據說百餘年前日本人移民夏威夷，也是這套做法。日本現在已成老年社會，人口穩定且緩慢下降。後工業社會裏，多餘的人口都由服務業吸收，農業早已無足重輕；日本人也不再向外遷移了。

中南美與我有邦交各國，只歡迎台灣來的工業投資，因為不但可幫它們賺取外匯，也可部分解決國內高失業率問題。談到開墾荒地與振興農業，它們都不太感興趣。為什麼呢？

第一是城鄉差距太大。這些國家除幾個大城市外，鄉村地區的基礎建設幾等於零。若談電力供應網、最低程度的道路交通、極簡陋的水利建設、與不完整的基層組織，它們比受災慘重的南投縣仁愛鄉或台中縣和平鄉恐怕要落後五十年到七十年；地方政府的行政效率更別提了。

第二是地主國內在的阻力。那些國家裏可供開墾的肥沃土地，都掌握在白人大地主手中。農場規模動輒幾千甚至上萬公頃，在台灣難以想像。地主因有其他方面的收入，對自己的農場都不捨得投入資本以增加生產。以瓜地馬拉為例，許多地主都有自備小飛機，至少有幾輛小貨車。政府無錢而地主無意修繕對外道路，使貧困的佃農對外交通困難，只能終身接受剝削。但是你要向他買地時，他卻會把價格抬高幾百到幾千倍，狠狠地敲你一筆竹槓。

一九八三年瓜國政變後，軍人政權要實施「耕者有其田」了，邀請外交團觀禮。各國大使搭乘直升機到遙遠的北碇省，還被邀每人頒授一張土地所有權狀給受田的農民，面積是十公頃，亦即十甲左右的荒地。我覺得這真是了不起的德政，但兩年之後，想起探聽一下授田政策的結果，才知道因為地處荒僻，既無交通道路，也缺少水利、種籽、肥料、與技術指導等配套措施，多數領到土地的印第安農民，把十公頃裏能砍伐的硬木砍下賣光後，只好把土地再賣給地主，自己和家人流浪到城市裏去打工。難怪瓜國政府只辦了一次，以後就再不敢侈言土地改革了。尼加拉瓜在桑定主義執政年代，致力土改，政府大力協助農民，結果也與古巴差不多，民窮財盡，才和台灣恢復邦交，接受我國的農技援助。

中美洲也有少數受過高等教育具有前瞻性的地主，靠種植冬令蔬菜供應美國發了大財，但他們基於自身利益，更不歡迎台灣來的競爭，我就親身經歷過許多不足為外人道的阻礙。總而言之，移民到中南美開墾，不是不能辦，但必須有詳盡而又切實可行的計畫，先由大使館與當地政府磋商研討原則；最重要的問題是有無適當可供開墾的土地，與所有權誰屬。以我的經驗，要想當地政府免費提供土地，恐怕不切實際。如果必須花錢購買，問題就複雜了。移民家庭沒有錢，我國銀行不可能貸款給國外客戶；在當地銀行眼裏，新來移民並無信用紀錄。由大使館做擔保也不行，因為使館享有豁免權，他不能告你。

有了初步計畫，仍需就地派農技團去考察實際環境，包括土壤、氣候、雨量、水利、交通、運輸、居住條件、與市場調查等資料。認為可行後，再報請國內核定。即使一切順利，從開始計畫，招募志願移民家庭，給予基本語文訓練與生活講習，補助旅費與抵達目的地後至開始有收入時的生活費，初期開墾費用與技術指導等，每個家庭以夫婦與子女共四人計，再精打細算也要四、五十萬美元。七二水災受難災民如果有這麼些錢，他們肯遠離故鄉去吃苦開墾嗎？如改由政府給予長期低利貸款，能收得回來嗎？國庫能負擔嗎？對其他納稅人公平嗎？副總統真該好好想一想。

三十九、學美國查真相……學得像樣點吧！

只監督不調查的調查委員會　跟當年的華倫委員會相去甚遠

（原刊九十三年七月六日《聯合報》）

外有在野黨，內有呂副總統的壓力，陳水扁終於要成立所謂「體制外」的「三一九真相調查委員會」了。依照總統府放出來探測輿論反應的氣球，這個「不具調查功能，只監督檢調小組」的單位，將參考美國華倫委員會的前例，並邀請監察院長錢復為召集人，最快今天就會公布其組織架構與細節。

一九六三年七月一日，我抵達紐約，接任駐紐約新聞處主任。四個多月後，就親身經歷甘迺迪總統被刺，而兇手 Lee Harvey Oswald 又被 Jack Ruby 在眾目睽睽下槍殺的一連串驚人發展。由於工作關係，對如此轟動美國的大新聞自然特別注意，因此印象深刻，終身難忘，看見總統府既引用美國先例，但卻不符事實的引述，不能不說幾句公道話。

甘迺迪被刺是十一月二十二日的事，副總統詹森立即繼任。二十九日，詹森下令組織調查甘迺迪總統被刺真相委員會（後來被媒體簡稱為華倫委員會），以最高法院院長華倫為主席。委員總共七人，除華倫外，民主黨兩位是參議員 Richard Russel 與眾議員 Hale Boggs；共和黨二人則是參議員 John Sherman Cooper 與眾議員 Gerald Ford；另外則有 Allen Dulles（曾任中央情報局局長；艾森豪時代國務卿杜勒斯之弟），與 John J. McCloy（前世界銀行行長，二戰後曾任駐德高級專員，指導西德重建，地位較大使尤高）。

有趣的是，甘迺迪被刺時也有「會轉彎的子彈」一說。因為兇手從六層樓窗口共發射了三顆子彈，一顆未打中；另一顆穿過甘迺迪後背，從喉部出來，轉個彎打中坐在後面的德州州長康納利，貫穿康納利身體後，又在他手腕上跳了一下，然後嵌入他的大腿肉裏；第三顆正中甘迺迪後腦，腦漿流出，立即斃命。等傷者送到醫院，急救人員用擔架把康納利抬進急診室時，第二顆子彈又從他身上掉了出來，而且彈頭無恙。美國媒體稱之為「魔術彈」，不是沒有道理的。

華倫委員會費了十個月時間調查本案，一九六四年九月二十四日向詹森總統提出報告，並即正式公布。報告書全文厚達二十六巨冊。該會所有傳喚證人的錄音帶數以千計，至今仍存供任何人聆聽。

拿美國的前例與總統府試放氣球來比較，有三點完全不同之處：

首先，華倫委員會設立之初，詹森總統發布的行政命令清清楚楚地賦予該會「不受任何限制的調查權」。這十個月裏，華倫委員會一共傳喚了五百五十二位證人，並要求十個政府單位提出詳盡報告，包括財政部所屬、負責總統安全事宜的特勤署、司法部所屬的聯邦調查局、國務院、中央情報局、與國防部軍事情報局等。這些單位除提出書面報告外，它們的主管都曾經被傳訊，無人敢以任何理由拒絕。

其次，甘迺迪和詹森都隸屬民主黨；為以昭大信起見，調查委員會裏特別包括了民主與共和兩黨在參議院與眾議院的四位領袖（其中共和黨眾院領袖的福特十二年後也因尼克森辭職而繼任總統）。

第三，委員會為直接調查真相，有自己的人員與辦公地點，經費由國會撥付。它聘請的總法律顧問是James Lee Rankin，此外還有十四位法律顧問與十二位助理。傳訊證人時大部分時間由法律顧問發問，但七位委員隨時得插入詢問。最後提出報告時，不只華倫一人，其餘六位委員也共同簽名，表示聯合負責。

由以上所舉的歷史事實，可見總統府假借「不合憲政體制」為詞，只想讓錢復召集的委員會去「監督」目前由檢調單位和刑事局組成的專案小組，而非真正調查實況，明明是故意使它綑手綑腳，不想查明真相的做法。摒除國會參與調查工作，更與四十一年前美國調查總統被刺的做法，背道而馳。

我不知道是綠營哪位半瓶醋的「美國通」，會拿華倫委員會來嚇唬不記得當年事實的民眾，卻敢斷言這樣的愚民政策，是絕對行不通的。

四十、秘審結果不「美」 丟給伊審

將來公開審訊，海珊會否與其他十一名人犯把違反人道罪行審判，變成一場宣傳劇？

（原刊九十三年七月三日《聯合報》）

滿臉落腮鬍鬚的前伊拉克總統海珊（Saddam Hussein），出現在全球電視螢幕上，引得世人議論紛紛。如果純就美國國家利益觀點出發，究竟利弊如何，值得探討。

美國的國家利益不一定與共和黨或布希總統的利益完全雷同。就布希競選策略而言，把海珊拿出來示眾，自然有利於選情。首先，讓美國民眾想起海珊執政二十幾年中的種種暴行，包括壓制什葉派教徒與庫德族等屠殺同胞以萬計、證據確鑿的事例，無形中肯定攻伊的正當性，可以化解反戰人士的批評。其次，還在聯軍還政伊拉克後，立即開始審判程序，更能凸顯美國交還主權不是空口說白話，而是確有誠意的行動。第三，布希誇口要把民主法治帶到中東伊斯蘭教國家，現在實踐諾言，由伊拉克過渡政府來審判海珊，將是具有教育意義的最佳示範。

但從美國整體利益出發，把眼光放大放遠些看，也有幾項負面作用：

最立即的效應就是，從提前兩天舉行主權移交典禮，到初次開庭審判的種種安全措施，如此重要意在昭示世界的儀式，竟然必須偷偷摸摸地舉行。依照媒體報導，臨時法庭內坐了兩排觀審的伊拉克與聯軍官員；不但旁聽席上這些人看不見，主審法官只有背影，庭內的法警只見臂章，臉部都不見了。這顯示了舉世最強的軍事力量，仍然拿伊拉克的游擊隊與恐怖分子毫無辦法，對仇視美國的伊斯蘭教狂熱分子，無疑有鼓舞作用。

其次，要使伊拉克人民接受審判結果，過程必須公正公開，而且不能有任何外國人參與其間。主持審判者必須為伊拉克舉國尊敬，有道德勇氣，聲望無人可及的法官或法學教授，才能為人信服。但是已經返回美國的前行政長官布雷默 (Paul Bremmer) 選定的法官，竟是已因勾通伊朗被黜的查拉比 (Ahmed Chalabi) 的侄子薩林姆．查拉比 (Salem Chalabi)。此人年輕且缺少實際審判經驗，海珊拒絕在庭訊紀錄上簽字，他已不知如何應付，怎能勝任「世紀審判」的重任？假如這對叔侄窩裏反，配合海珊唱一齣反美的雙簧，麻煩就更大了。

海珊初次出庭，已經說過這場審判無非是布希為連任競選導演的鬧劇。布雷默返回華府後，隱名接受《紐約時報》專訪，透露從海珊被俘至今，美國中情局與聯邦調查局七個月來不斷秘密審訊他的結果，毫無所獲，只好把他交還給伊拉克人自己去處置。如此不考慮後果的草率決定，完全忽視了將來公開審訊時，海珊與其他十一名人犯把國際法最新觀念的違反人道罪行 (crime against humanity) 審判，變成一場宣傳劇的可能，實在太不負責。

美國人衝勁有餘，細膩不足；放眼未來，有兩點隱憂不可避免：第一是主權移交給過渡政府時，表面似乎安排得很妥貼。布雷默派任的各級官員任期都是五年，唯獨過渡政府的正副總統與各部部長，因為最遲明年元月底就要選舉，等於任期限定只有七個月。天下政客都有戀棧的毛病，沒有人肯自動下台。從總統雅維爾 (Ghazi Al-Yawer) 與總理艾拉威 (Iyad Al Alawi) 以下這些新貴，在短短七月中很難建立威望與聲譽，從而當選明年新成立的正式政府要職。他們會不會想出什麼花樣，利用聯合國安理會中各國間的矛盾，製造事端以延長任期呢？誰也不敢保證。

第二是本質上的矛盾；美國既要表面上撇清，不干預伊拉克過渡政府行使權力；又基於保持勝利戰果，不可能撤出十四萬五千的美軍。布希總統上週到土耳其出席北大西洋公約高峰會，有項重要而未受注意的成就，就是北約各國中不願出兵參加駐伊多國部隊的國家，已經承允代伊拉克訓練保安部隊。問題在於這只替布希解決了選舉時可能受到的困擾，卻無助於恢復伊拉克人自力維持治安的信心。只要外國部隊繼續留駐，海珊舊部與伊斯蘭狂熱分子就可高唱把外國人趕出去。假若多國部隊撤出，無異給極端派復辟的機會；這是個進退兩難的死結，沒有人能解得開。

四十一、《李敦嶠回憶錄》序

（原書《征戰時運有迷悟》九十三年六月在馬來西亞出版）

一九五五年夏天，我從哥倫比亞大學新聞研究所畢業返國。秋季開學時，先應謝然之先生之邀，在國立台灣師範大學社教系新聞組開了一門「公共關係」。第二年，謝先生要我改到國立政治大學新聞系去講授「新聞英語」，每週兩小時，連續教了五年；因為本職行政院新聞局第二（國際宣傳）處處長的工作越來越繁重，連這點時間都實在抽不出來了，學校才勉強准我辭去這個兼職。

當年在台灣，從來沒人寫過新聞英語的教科書。近年雖有些這方面的書籍，充其量只是給想讀英文報紙者的參考用書，與大專用書的高標準還有一段距離。我出國前後，曾在南京《大剛報》與台北的《中華日報》和英文《中國日報》服務過幾年，略知中文報紙與英美各國報紙間的差距，實在不止文字一項而已。我的信念是，這門課雖稱「新聞英語」(Journalistic English)，不如叫做「英文新聞學」(Journalism in English)，比較更恰當。

既然沒有適當的教科書，工作又忙得無法自編講義，我就索性取巧，每季開學時，透過台北的英文雜誌社去訂了幾十份同一天的《紐約時報》來，學生每人一份，作為一學期的教材。這是新聞系二年級的必修課，學生要自己查生字，在家研讀；我上課時隨便點名同學，要他們站起來讀一條新聞，然後解釋給大家聽。這樣教法，從國際、國內、政治、經濟、文教、體育各類新聞，到讀者投書、藝文評論、社論、專欄，都能略嚐滋味，瞭解美國新聞寫作的最新趨勢，以及報社自律與社會督責的嚴格程度。

台灣的中學在英文教學上本就不夠嚴格，因此學生對這門課叫苦連天。新聞系流行的話說，只要能混過我這門課，畢業就沒有問題了。我也聽見過這種說法，心中暗笑，因為在當時聯考制度下，能考進政大新聞系的，多半自覺是天之驕子，眼睛長在額頭上。讓他們認識一下外頭真實世界的水準，免得進入社會工作時，碰得滿頭都是包，未嘗不是件好事。

李敦嶠是我在政大教書時，叫得出姓名的少數幾個學生之一。並非因為他個子高高的，給人一種玉樹臨風之感，而是因為他來自馬來西亞，英文程度比台灣同學高出一截。每逢我拿疑難的辭句考問學生時，幾個人都答不出來的片語或特別句法，他總能知道該怎麼用中文解釋它的含義，替同學解圍。我一直相信：中國人要學通英文，非先把中文弄通不可。在國外生長的華人，那是香蕉，雖然皮膚還是黃色，裏面肉卻是白的，又當別論。敦嶠雖在南洋出生，卻受過華僑學校教育，才能在中、英文兩方面都遊刃有餘，實在難能可貴。

他畢業後就回馬來西亞家鄉，每年都寄賀卡給我，我也總有回片，藉通音問。不久我奉調美國紐約，一去就是十六年。其間一九七一年他來紐約旅遊，見過一面。此後我轉調歐洲、拉丁美洲與非洲，連續駐外達三十五年之久，只能靠互寄聖誕賀卡，保持聯繫。等再度晤面，已是二〇〇三年在台北，兩人都已退休了。師生間三、四十年裏只見過兩次面，卻感覺如此親近，是我一生中僅有的經驗，求諸他人，恐怕也很少見，這都是他的功勞。

敦嶠回馬來西亞幾十年來，在三個領域裏都能嶄露頭角，出人頭地。他先入美國新聞處工作，憑他在政大新聞系所學，很快就升到當地雇員最高層級。然後改入金融界，又在僑資銀行晉升到經理人的職務。讀本書有關各章，可以知道他在馬來西亞經濟急速發展時期，襄助東主的辛勤，與對馬國銀行制度一針見血的批評。然而到最後，當他的建議不被採納時，敦嶠寧可在盛年急流勇退，自創事業，仍然能有非凡的成就；令人不得不欽佩他的堅毅執著與面對挑戰的勇氣。

東南亞華僑的處境，比歐美各國華僑困難得多。雖然生於斯，長於斯，卻因當地土著的猜疑與嫉妒，除極少數例外的樣板人物，很少人能在政治舞台上佔據一席地。剩下可供發展的途徑，只有經濟貿易這一條路。在今日世界村資金流通無阻的環境下，跨國企業的觸角早已無遠弗屆，再與當地政治勢力相結合，輕易就能掌握該國的經濟命脈。今天要創業已經不易，想學殖民地時代糖業大王、橡膠大王那樣地赤手成家，絕無可能。旅馬華僑年輕一代中，像本書作者那樣有理想、有能力，抱著雄心壯志的人不在少數。希望敦嶠這本《回憶錄》的出版，能給他們作為一面鏡子，激勵奮發，創造出適合他們自己理想的一個世界。

四十二、還政伊拉克之際 替美國算個總帳

（原刊九十三年六月二十九日《中國時報》）

去年三月二十日，美英聯軍出兵攻打伊拉克，勢如破竹，三星期就拿下巴格達。五月一日，布希總統宣布戰事已大體結束，只待肅清殘餘，但各地零星抵抗不斷。十二月十四日，聯軍在農宅地窟裏生擒伊前總統海珊。因而今年開始時，布希總統的聲望如日中天，當選連任似乎將如囊中取物，不費吹灰之力。

相對而言，有資格與他競選的民主黨人中，四年前與布希競逐的前副總統高爾，最先宣布不再爭取提名。大家看好的希拉蕊‧柯林頓審度局勢後，決定按兵不動，寧可再等四年。只有狄恩州長以反對伊戰為唯一號召，出來挑戰布希；高爾又太早表態支持狄恩，結果是兩人都落得灰頭土臉。代之而起已確定為民主黨總統候選人的參議員凱瑞，去年也曾投票贊成對伊拉克用兵，因而只能從細微末節上批評布希的錯失。儘管如此，美國最近的民意調查，布希的滿意度首次跌到百分之四十一，比凱瑞落後，這是為什麼呢？

美國主導的聯合臨時執政當局 (Coalition Provisional Authority) 原定在六月三十日還政予伊拉克臨時政府 (Sovereign Interim Government)，昨天卻突然提前舉行主權移交典禮，可能為避免恐怖分子到時有驚人舉動。

藉此機會，不妨替美國算算一年多來的總帳。本文既不戴上自由主義「華氏九一一」紀錄片的有色眼鏡，也不支持新保守派把美式民主全盤輸出到中東的世界觀，旨在純粹就事論事，或可糾正許多人先入為主的印象，客觀地把事實還歸本來面目。

美國佔領伊　已就地合法

首先需要澄清的是，年餘以來，布希所到之處總有大批自由主義者或民主黨人示威反對攻伊戰爭，美國如此，歐洲尤甚，中東更不在話下。導致上星期美國的民調，認為攻伊是個錯誤決定的百分比，首次超越贊成的比例。反戰者的論據，都以去年三月未經聯合國通過，美英聯軍便率爾攻伊，有違國際公法，作為振振有詞的理由。

但國際政治不可能脫離現實。去年十月，安理會已經無異議通過第一五一一號決議案，在國際法原則與二月間通過的第一四八三號決議案授權下，認定由美國外交官布雷默領導的聯軍臨時當局「有責任、權力與義務管理伊拉克，直至還政伊拉克人民為止」。它不但授權美國成立並統一指揮多國部隊駐伊，也正式承認了臨時當局口袋裏掏出來的伊拉克治理委員會 (Iraqi Governing Council) 的法律地位。

換句話說，美國佔領伊拉克，八個月前已經「就地合法」了。你可以批評聯合國向暴力屈服，但是你無法否定聯軍駐伊的合法性。

老實說，美國最大的困難並非來自國際處境，而是源於對中東社會與政治的無知，低估了伊拉克人民狂熱的宗教信仰與不服外人統治的性格。聯軍以雷霆萬鈞之力攻佔巴格達時，陣亡官兵才一百餘人，到現在卻超過八百；而且恐怖分子與游擊隊愈剿愈多，安全愈來愈難維持。美國中央情報局最大的誤失，不是在伊拉克找不到大規模殺傷性武器，而是當時瞎了眼，錯信了查拉比與伊拉克國民議會（Iraqi National Congress，簡稱ＩＮＣ）。

錯信查拉比　啞子吃黃連

一九九二年，查拉比在維也納成立ＩＮＣ，號召流亡人士反對海珊政權。一九九八年，柯林頓總統還在任時，美國國會通過所謂「伊拉克解放法案」(Iraqi Liberation Act)，撥款九千七百萬美元，交給中情局去推翻海珊政權，這也是國際關係上史無前例的荒唐事。中情局調查結果，查拉比祖父曾任部長，父親曾任參議院議長，他本人畢業於麻省理工學院數學系，在芝加哥大學獲博士學位，說得一口英文；人也精明能幹，曾在約旦創設全國第二大的商業銀行，條件簡直太理想了。因此雙方一拍即合，中情局拿錢支持他，而查拉比則不斷提供美方所謂伊拉克的「內部秘密情報」。

說海珊擁有核生化武器，裝在卡車裏化整為零，以避免聯合國調查；國內民不聊生，一旦聯軍入侵，伊拉克人會簞食壺漿以迎王師，都是INC的謊言，被中情局照單全收；連累了布希總統與國防部長倫斯斐啞子吃黃連，有苦難言。

聯軍進入巴格達後，查拉比搶先回國，立即成為伊拉克治理委員會輪值主席之一，還想問鼎過渡政府總統的職務。但此人太不守分，倚仗他是國內人口佔多數的什葉派教徒，與伊朗暗通款曲。上月二十日，被伊拉克警察抄家搜查出確切證據，從九霄雲裏一跤跌進地獄，成為最轟動的新聞。美國暗示這是聯合國特使、阿爾及利亞前外長布拉希米 (Lakhdar Brahimi) 堅持的條件。中情局的翻臉無情，恐怕也脫不了關係。

選舉剩四月　快拋燙手芋

替布希總統著想，距離選舉只剩四個多月了。要想扳回頹勢，必須趕快拋掉伊拉克這塊燙手山芋，表面讓聯合國接手，而英美聯軍實際仍掌握相當的控制權。華府因此快馬加鞭，六月一日，先與聯合國特使商定，推薦遜尼派的雅維爾 (Ghazi Al-Yawer) 為過渡政府總統，兩名副總統一為什葉派的賈法利 (Ibrahim Al-Jaafari)，一為庫德族的夏威斯 (Rowsch Shaways)。有實權的總理，由隸屬什葉派但不主張政教合一的艾拉威 (Iyad al-Alawi) 出任，二十幾位部長則按各族群與地理分布狀況平均分配。昨天在交接典禮上發表政策演講的就是艾拉威總理。

為應付伊拉克政府將享有自主權的新局面，美國把最資深的外交官常駐聯合國代表奈格羅龐蒂 (John Negroponte) 調任為駐伊拉克大使，參議院也立即同意任命。一切安排好之後，安理會六月八日無異議通過第一五四六號決議案，從此伊拉克至少名義上又成為獨立自主的國家。臨時政府 (Interim Government) 的任期只有一年，在這短短期間，七月先要召開全國性會議以遴選政治協商會議 (Consultative Council) 代表；然後逐步再成立獨立選舉委員會 (Independent Electorial Commission)，辦理制憲國民會議 (Transitional National Assembly) 的選舉，由它草擬憲法，最後在今年年底或最遲明年元月依新憲辦理大選，那時才功成身退。

問題一籮筐　件件非易事

過渡政府面臨一籮筐問題：怎樣根除游擊隊與國外滲透進來的伊斯蘭極端分子，如何修復百孔千瘡的經濟體系，拿什麼來償還海珊欠下的一千二百億美元外債，件件都非易事。美國雖然表面上把伊拉克交給了聯合國，實際無法脫身。布希如獲連任，還會硬著頭皮撐下去，假若十一月民主黨贏得大選，那就完全是另一盤棋了。

四十三、白宮洩密案有獨立檢察官　三一九百日真相調查會呢？

民主精神　美國和台灣的差異

（原刊九十三年六月二十六日《聯合報》）

三一九槍擊事件今天滿一百天，被呂副總統逼出來的所謂試射報告與偵辦進度說明，內容空洞，舉國上下都嗤之以鼻。陳總統五二〇就職演說時宣示的：「民主不是坐享其成的烏托邦，也沒有一步到位的直達車，必須一點一滴的耕耘，才有一步一腳印的前進」，好像已被政府官員淡忘了。君如不信，從太平洋兩岸調查涉及高層案件的事例裏，就能看出我們和美國的民主程度，有多大的差別。

美國各報昨天登的一條大新聞，是所謂白宮洩密事件的持續發展。去年七月，專欄作家兼為電視節目主持人的諾瓦克 (Robert Novak)，透露了美國資深女外交官普雷姆 (Valerie Plame) 同時也是中央情報局幹部（注意：並非低階的 agent，而是職位較高的 operative），引起軒然大波。她的丈夫威爾森 (Joseph C. Wilson IV) 也是職業外交官，一九九〇年海灣戰爭開打時，正在美國駐伊拉克大使館做代辦，直接與海珊辦過不少交涉，後改調非洲升任大使，算是中東與非洲專家。

威氏退休後開了一家顧問公司；前年二月，他曾以專家身份受中情局委託，前往西非的尼日(Niger) 查證伊拉克究竟有無向尼日購買黃餅（yellow cake 鈾酸鈉，製造原子彈的原料）的情事；他調查後認為並無事實根據，已向中情局提出書面報告。但到去年一月，布希總統的國情咨文，仍指海珊企圖向非洲購鈾，以便製造大規模殺傷性武器；鮑爾國務卿在聯合國辯論時也強調這點。去年三月，美國出兵攻伊，輿論大譁，指責白宮拿莫須有的情報作為重大政策依據，實屬不當。伊戰雖然順利，反對者卻咬住未找到大規模殺傷武器，始終不放。

到七月六日，威爾森忍不住投稿《紐約時報》，題目就叫「我在非洲沒有找到的東西」("What I didn't find in Africa")。八天後，諾瓦克透露了威爾森太太的真實身份，媒體報導直指白宮，認為幕後有人指使，是一種報復行為。若在別國，這不是什麼了不起的紕漏，普雷姆毫髮無損，還好端端地活著呢。但美國有一項「情治人員身份保護法」(Intelligence Identities Protection Act of 1982)，民主黨人抓住這點大作文章，認為白宮有人觸犯了聯邦法律，要求嚴辦。

在布希總統被指責不應該在國情咨文裏引用不實情報之初，國家安全顧問賴斯的副手 Stephen Hedley 已經自承疏失；中情局局長泰納特 (George Tenet) 也公開引咎。但反對黨不斷炒作這個議題，要求選派獨立檢察官調查洩密責任。國會原因水門案立法，其後幾經修正的獨立檢察官法 (Independent Counsel Reauthorization Act of 1994)，雖已在五年前失效，但司法部仍得指派獨立行使職權的檢察官。

去年十二月底，掌管司法部的檢察總長John Ashcroft自動迴避，由副檢察總長James Comey指派芝加哥的聯邦檢察官費茲傑羅(Patrick Fitzgerald)負責調查本案。布希總統立即下令白宮所有官員妥善保存一切資料，保證將與費氏充分合作。諾瓦克有新聞自由作護身符，聲稱基於新聞道德原則，不願透露消息來源；特別檢察官的調查重點，因此集中在白宮上下所有官員身上。

前昨兩天，費茲傑羅的調查到達白宮最高層。他先約談副總統，錢尼不敢怠慢，聘用Clarence O'Donnell律師陪同答覆。二十四日上午，布希與費茲傑羅在總統辦公室談了七十分鐘。雖然貴為總統，布希也聘用了Jim Sharp律師在旁陪伴，免得出言有誤。白宮雖然有最好的法律顧問，但接受司法調查屬於私人事務，所以這兩位律師的費用仍須總統與副總統自掏腰包，可見美國公私分明，一絲不苟的民主精神。

這件看來只是芝麻綠豆大的案件，何以引起美國媒體這樣重視，就因為它極可能影響到年底美國大選的勝敗。它給台灣什麼啟示呢？首先，民主國家的總統更要重視輿論，不能對民間一致的要求視如不見，聽如不聞。其次，國家領導人必須信守承諾，應以布希全力與特別檢察官合作為典範，不能先答應成立槍擊事件真相調查委員會，卻遲遲不付諸實踐。第三，法律之前人人平等。我們的檢調單位至今還不敢訪談邱義仁，請教他三一九召開記者會時為何誇張總統傷勢，更不必夢想盧仁發或侯友宜敢直接訪談受傷的總統與副總統了。我們如不能像美國朝野那樣，以誠信為最高道德標準，沒有「一點一滴的耕耘」，哪裏會有「一步一腳印的前進」呢？

四十四、哪來閒錢遷都？

（原刊九十三年六月二十一日《聯合晚報》）

民進黨政府至少有一個特色，就是新鮮話題永遠層出不窮。天天在媒體上炒作，讓民眾看得暈頭轉向。

呂副總統先在南部透露說，遷都高雄已經列入未來施政考量。蔡同榮等基本教義派立委馬上跟進，以國家的政治與經濟中心應該分離為理由，主張辦理「遷都公投」。甚至表示，大陸對台攻擊目標既然鎖定台北市，我們應該學習美國把經濟金融中心放在紐約，而政治中心擺在華府的布局。

能想出這種題目，不能不佩服民進黨諸公委實有天才，只是缺乏點常識。首先，美國一七七六年建國時，首都本在紐約；為南北平衡才遷到華盛頓，與「戰略避險」並無關係。其次，正因為首都是一國政治中心，經濟金融活動會自然而然地在那裏集中，非政府所能控制或阻擋。君不見英國倫敦、法國巴黎、與日本東京，哪個首都不是政治兼經濟金融中心？二次大戰時，倫敦慘遭德國飛彈轟炸，也沒聽說英國有人提議該遷都。

不錯，如果台灣真宣布獨立，大陸攻擊目標會鎖定台北市；但在陳總統宣布的四九六顆飛彈中，沒一顆是瞄準高雄的嗎？

退一萬步而言，即使公投通過，遷都那樣的大事，也不是立刻能辦到的。中央政府這許多機構要興建或租賃辦公大樓，幾十萬公務員與眷屬要尋覓住處安家，高雄市縣一下子怎能容納這麼多人口？總不能讓大家每天搭乘高鐵往返吧！巴西從里約熱內盧遷都到巴西利亞，費時二十幾年才完成，耗資以兆計。台灣連軍購特別預算都要靠賣地與舉債籌款，我們到哪裏去找幾千億閒錢，又有那麼多時間來遷都嗎？

四十五、做雷根？ 做帝制總統？

雷根從不濫權、堅守民主原則、量入為出的財政保守主義。台灣會走上哪條道路，其實都在執政者一念之間。

（原刊九十三年六月十六日《聯合報》）

美國與我斷交二十五年來，台灣堪稱幸運的是其間有十六年是由保守派執政，雷根八年，布希父子加起來又將八年；而自由派的卡特與柯林頓一共才九年。我特意避免使用共和黨與民主黨的標籤，因為這兩黨在外交政策上差別不多；真正的歧異存在於它們在解決內政問題上的思考方式。民主黨承小羅斯福「新政」餘緒，不斷擴張聯邦政府的職掌與權力，從黑人民權到社會福利，花錢如淌水，導致通貨膨脹，引起中間選民反感，才給保守主義者以可趁之機，從而掌控近二十幾年來美國政治的主流思想。

雷根在一九八〇年能擊敗卡特，打著共和黨的旗號還在其次，最重要的是反對政府不斷增加開支的保守主義思想，到那時已深入民心。雷根喊出了「政府不能替你們解決問題，政府本身才是問題所在」的口號，在兩任八年中把通貨膨脹率從百分之十二減低到百分之四。但因種種原因，國債不減反增，只做到了讓國會通過經常預算收支必須平衡的原則性立法，到柯林頓任內才真正兌現；歸根究柢，仍須歸功於雷根最初的堅持。

除經濟問題外，美國現代史另一項爭論不休的議題，即所謂「帝制總統」。歷史學家 Arthur Schlesinger, Jr. 的名著 *The Imperial Presidency*，從華盛頓起直到尼克森，細數美國建國兩百多年來，行政與立法兩權之間不斷拉鋸的經過。小布希不顧聯合國反對出兵攻打伊拉克，也被自由派視為總統無限擴權的行為，歸入「帝制」行動之列，年底選戰勢必成為議題。當年小羅斯福也曾背負這個稱謂，可見黨派標幟並無關係，民主共和兩黨都曾出過擴權的總統。

我們的憲法本就不如美國憲法講究治權互相制衡；李登輝當時與民進黨聯手修憲，取消立法院對行政院長的同意權，已經把總統職權擴大了若干倍；但李前總統面對輿論批評時，多少還有些顧忌。五二〇至今尚未滿月，而迫不及待開始第二任的陳水扁總統，所作所為簡直毫不考慮人民觀感如何，只有古諺「笑罵由他笑罵，好官我自為之」差可形容。

該為槍擊事件負責的正副侍衛長，雖調職卻被頒授勳章；公投辯論時理應維持中立，卻公然為綁大選而辯護的張政雄，居然接掌中選會；選戰功臣吳乃仁做了證券交易所董事長；李鴻禧三十幾歲的兒子一躍而為銓敘部政務次長；總統府資政與國策顧問、公營行庫與視聽媒體負責人、甚至駐美副代表的遴選，無不以是否隸屬綠營，曾否替民進黨當過打手為唯一考慮條件。這一切都顯示今日在台灣，「帝制總統」已經形成了。

人事任命還不打緊，「我就是運氣好，不然你要怎樣？」總會引得大家一笑。放眼今後四年台灣將面臨的許多問題，難免令人不寒而慄。且放下兩岸形勢不談，國際貨幣基金說台灣政府總負債額已達三兆四千億元。國內專家指出如加上地方政府負債與潛在債務，總額更達八兆五千億元，超過危險底線。現在又加上新十大建設與軍購特別預算，不管你挺藍或是挺綠，這麼龐大的債務，後世子孫怎有能力揹負？從這個角度去看，雷根當選前美國朝野瀰漫的財政保守主義氣氛，也逐漸會在台灣成長，假以時日，甚至可能成為遏制「帝制總統」的秘密武器，也很難說。

老百姓無從強迫陳總統實踐他設立真相調查委員會的承諾，更無力改變他掌握的人事任免大權，卻也並非只是束手無策，任人宰割。首先，人民可以透過年底立委選舉，讓泛綠陣營依然拿不到立法院過半數席次，貫徹憲法以立法權制衡行政權的精神。其次，在修憲過程中，可以透過任務性國代選舉，確立責任內閣制，使總統變成虛位元首，僅能提名最大政黨領袖組閣，而行政院長僅對立法院負責。行政與立法兩權爭持不下時，則通過釋憲由司法院大法官會議解決。這種老生常談似乎有點迂腐，卻是民主政治必須遵循的道路。

雷根並非雄才大略的總統，死後卻受到美國人民無限追思，應歸功於他的平民作風、從不濫權、堅守民主原則、量入為出的財政保守主義。台灣會走上哪條道路，其實都在執政者一念之間。

四十六、雷根　是朋友　也險斷送台灣

競選時　政擊卡特背棄台灣　演說結束必定高喊“Taiwan never again!”

當選後　與中共簽署《八一七公報》　簽字前一個月　曾派密使向我提六項保證

（原刊九十三年六月七日《聯合報》）

蓋棺論定，你可以說雷根是美國近年最偉大的總統，也可以說他是最懶惰的總統。前者因為他確實重振了美國人民的信心，導致蘇聯最終崩潰；後者則因為他為人做事大而化之，對下屬過份授權。你可以說他是台灣最堅強的朋友，也可以說他無意中幾乎斷送了台灣；兩者都對，也可能都錯，本文旨在探討他與台灣糾纏不清的關係。

一九七九年初，雷根在準備次年競選總統。那時他每星期發表一篇廣播演說，甚受全國各地保守派聽眾歡迎。二月初那一篇，除抨擊美國政府在鄧小平訪美時拍馬屁的醜態外，也提到卡特拿我被迫離美去討好中共。我怎麼知道呢？因為那些廣播稿幕後執筆人韓納福 (Peter Hannaford) 追隨雷根多年，是我在美任職時的公關顧問，向美國司法部登記為我國代理人，那篇講稿是韓納福寄到台灣給我看的。

雷根在各地發表競選演說，自然以攻擊卡特政策為主。到結束時，他必定高喊 "Taiwan never again!"，意思是今後永遠不能再發生像卡特背棄台灣的事，聽眾也必定報以如雷掌聲，我親身經歷過好幾次。但他當選總統後，起用海格為國務卿。曾任北約統帥的海格一心要繼續尼克森打「中國牌」制衡蘇聯的大戰略，因而在一九八二年八月與中共簽訂《八一七公報》，輕率地承諾逐年減少對台出售武器的品質與數量，以求「導致最後的解決」。

雷根不只對海格一人，他對底下人都信任有加，不過問也不干涉，所以才有伊朗反共游擊隊事件 (The Iran-Contra Affair) 發生，聽任國家安全顧問室諾斯中校 (Oliver North) 闖下滔天大禍。若非美國人民對他的無比信任，他不可能那麼輕鬆地連任，聲望始終不衰。美國報紙稱他為「不沾鍋總統」，不是亂蓋的。海格把《八一七公報》草稿呈送給雷根沒有？雷根事前讀過全文沒有，這些人的回憶錄裏都不曾交代清楚。

《八一七公報》的原文很長，它重申「美國承認中華人民共和國政府是中國的唯一合法政府，並承認中國的立場，即只有一個中國，台灣是中國的一部分」。它甚至表示美國「理解並欣賞」一九七一年元旦北京發表的〈告台灣同胞書〉和一九八一年的「葉九條」。這些都是海格主持的國務院正式形諸文字的承諾；如果認真執行，台海局勢今日可能改觀。

雷根真有那麼糊塗或懶惰嗎？事實是在簽署公報前一個月，即七月十四日，他派遣密使向蔣經國總統提出了所謂「六項保證」：軍售並無終止期限；美國不會在每次軍售決定前和中共磋商；美國不會修改台灣關係法；美國不會扮演台灣與中共之間調解人的角色；美國對台灣主權的一貫立場不會變更；美國也不會對我國施壓，逼迫台灣與中共坐下來談判。這些保證去年小布希總統還曾重申過一次。

至於海格呢，巧就巧在雷根遇刺時，他過份急切要想代行總統職務，為同僚所不齒，被逼辭職。美國隨之逐漸抵賴掉海格簽字的承諾。至今中共開口閉口就提「三項公報」，其實《上海公報》與《建交公報》在今日兩岸情勢下，都不如《八一七公報》來得重要。而美國也竊喜大陸對台部署了這麼多飛彈，又不肯在放棄使用武力上鬆口，使美國有了繼續擴大軍售質量的藉口。

我如此毫無遮攔地評估雷根對台灣的功過，只因為台灣人看美國對華政策時，總喜歡考量某人對台灣是否友好，從而作出危險且不正確的決定。美國外交政策的唯一考慮是美國的國家利益；當它與台灣利益平行時，美國會支持我們的立場；但兩者間如有分歧，美國必須遵循自身的利益。雷根如此，小布希也如此。今年年底，不管誰當選下屆美國總統，這個原則絕不可能變更。我們不能癡心妄想美國會支持或者默許台灣獨立了。

四十七、國親，「沉默的大多數」 失蹤了

那些成千上萬曾走上台北街頭的老百姓

（原刊九十三年六月三日《聯合報》）

在英文的現代用法裏，一九五六年甘迺迪總統在他所著《勇者的畫像》(Profiles of Courage) 一書中，首次使用「沉默的大多數」(the silent majority) 這個名詞。依照《紐約時報》名專欄作家賽斐爾 (William Safire) 所著《政治辭典》的界說，七〇年代中期，雖然尼克森屢次拿它作為抵擋反越戰遊行示威的擋箭牌，絲毫不曾減損它為世人接受的正當性。

任何民主國家裏，都有沉默的大多數存在；只因為它的構成分子各自忙於家庭、事業、生活、乃至嗜好，所以通常絕少人理會他們心裏在想什麼。這也要怪他們平時太安分守己，乖乖地當兵納稅，無言地忍受官僚制度與社會上殘留的不公不正。他們通常對政治毫無興趣，只要不妨害到個人利益，反正政客都是爛蘋果，別理會立法院裏亂糟糟的叫罵就是了。

但沉默大眾偶爾也會有忍無可忍、令人刮目相看之時。從三一三聚集的百萬人次、三二〇開票

後聚集廣場不肯散去的群眾、到四一〇擠滿凱達格蘭大道的五十萬人，無人能否認這些日子裏成千上萬走上台北街頭的老百姓，真正象徵了台灣沉默的大多數，至少絕對能代表投給連宋的六百多萬票。那些日子裏，只要曾走過景福門附近的人都可證明，人群裏婦女比男人多，年輕學生比老年領退休俸的多，本省籍比外省籍多；其中絕大多數不曾加入過任何政黨，恐怕做夢也不曾想到自己會參加什麼遊行或示威！

從四月中到五月底，這些沉默的大多數失蹤了，或可說回家了。只剩下各黨各派的民代、黨工、談話節目主持人、以及「資深媒體人」沒完沒了地整天炒作厭人的政治新聞，他們所關心的僅是政壇暗流與黨同伐異。唯一稍能引起沉默的大多數關注的題材，只有連戰拋出的國親合併案，卻被喋喋不休的政論家們剝掉了好幾層皮，弄得體無完膚，真面目無從辨識。難怪節目的觀眾與廣告主都在逐漸減少。

更深一層看，沉默的大多數並非專屬於泛藍陣營。泛綠陣營中也有許多屬於這一類的選民。只看國親都承認，三一九槍擊案能在一夜間影響這麼多票改投給陳呂配，不論純出於同情或被人煽弄，都可證明這百分之五的關鍵票，實質修正了三月十八日的民調結果。

要撥亂返正，回歸到多數人最關切的議題，並非難事。每個人只需自問：沉默的大多數民意要什麼？不要什麼？

民意要的是公平公正的選舉、安定的國家和社會、持續的經濟發展、與和平穩定的兩岸關係。

沉默的大多數人民對立法院的印象壞透了，他們不在乎立法委員究竟減半成一百十三席，或變成一百二十五席。他們對驗票翻盤雖有點期待，但知道執政黨操縱檢調司法機關，不敢抱太大的希望。他們雖不滿意陳水扁拖延成立真相調查委員會，利用法律漏洞先就職再說，卻也不想讓政府整個停擺。在他們看來，行政院長到立法院報告施政，鬧了一下也就夠了，無需長期僵持下去，對誰都沒有好處。

沉默的大多數人民對總統制或內閣制沒有什麼概念；但是他們瞭解：台灣如果要保持五十幾年來的進步果實，必須有個強大的反對黨作制衡，防阻政府尤其總統濫用職權。打開天窗說亮話，他們對國親內部幾週來的卡位傾軋，不論是本土派與保皇派之爭，或所謂世代交替、「王馬共治」、乃至許、施、陳三位是否參選立委，一點點兒興趣都沒有。他們更不在乎國親合併後叫什麼名稱，正如莎士比亞說的：「不論叫它什麼名字，一朵玫瑰總還是一朵玫瑰」。

只有明確瞭解沉默多數民眾的心意，反對黨聯盟才有希望在今後四年扮演舉足輕重角色。不然人民只有放棄希望，讓台灣繼續向下沉淪，不知伊於胡底。

四十八、美、中　怎可能同意台灣派兵？

華府視北京為反恐盟邦　正靠它阻止北韓核武

（原刊九十三年五月二十五日《聯合報》）

台灣究竟會不會派遣海軍陸戰隊到伊拉克協助美國維持治安，這幾天在媒體和民間吵得天翻地覆。美國眾議院台灣連線（Taiwan Caucus）召集人之一、共和黨加州的羅拉巴克已經提出決議草案，但尚未列入委員會議程，離通過還遙遠得很。即使過了眾院這關，仍須參院同意。共和黨是執政黨，因此不會忽視國務院的反應。國會縱然通過了，這種議案對行政部門並無拘束力，本案最終決定，仍舊要看白宮究竟持何態度。前途既有這麼多關卡，我們似乎不必這麼緊張！

但從另一方面去看，這件事也絕非空穴來風。從總統府、行政院到外交部，各級發言人再怎麼樣的否認，也抵賴不了我國政府早就知道，甚或曾積極參與本案討論的事實。任何人都看得出來，邱義仁率蔡英文、柯承亨等行色匆匆的訪美之行，為尋求修補扁政府與美國支離破碎的關係，應曾談到出兵伊拉克這件事，也因此他們才行程隱秘，歸國後又守口如瓶，以免被在野黨察覺，引起軒然大波。

但風波還是惹出來了，站在國家而非政黨立場，有幾項疑點應該先予釐清。

首先，台美雙方內部是誰先提議這件事的？除非有人出面坦然承認，人民恐怕永遠難以得知真相。外交部新任部長陳唐山早年在美創辦的台灣人公共事務協會（FAPA），幾十年來專門從事國會遊說工作，「台灣連線」就是該會結合代表處的得意傑作，怎樣也脫不了關係。退一步言，就算是美國人先想出這個點子的吧，始作俑者正是來台參加陳總統就職典禮的眾議院國際關係委員會共和黨那一半的幕僚長崔普列特（William C. Triplett II）。星期天他已經直陳不諱，向台灣媒體說這是美國國防部中層官員的想法，他也曾與我國官員就此事交換過意見。美國保守派大本營的《人間事》（*Human Events*）雜誌，四月二十七日刊出崔氏執筆的文章，題目叫做「派（台灣的）陸戰隊去！」（"Send in the (Taiwan) Marines"），可能就是與邱義仁一行討論過後才發表的，政府實在無需拼命否認，越描越黑。

其次，台灣派兵到伊拉克的構想可行嗎？這要從美國與台灣兩方面去評估。一九五〇年韓戰爆發，次年聯合國部隊反攻，打到鴨綠江邊時，大陸派「中國人民志願軍」參戰，蔣中正總統曾表示願意派三個師支援麥克阿瑟元帥；當時美國與大陸是冤家對頭，尚且不敢接受台灣派軍協助。如今華府視北京為全球反恐戰爭的盟邦，正靠它阻止北韓的核武計畫，怎麼可能接受台灣派兵而惹惱中共呢？就台灣民意而言，那時軍隊全是從大陸帶來的老兵；今天的國軍則是兵役制度下徵募來的民閭子弟，政府哪裏敢輕言讓他們去伊拉克送死？

報載本月初，官方曾座談過出兵的利弊，而且國防與國安系統官員中，也有少數人贊成出兵伊拉克。這種現象顯示了台灣今日普遍的眼光短淺，只關心國內政治，對國際情勢茫然無知的通病。我發現絕大多數同胞全不瞭解美國在伊拉克的困窘程度，只舉一個例子吧：為什麼陳總統五二〇就職演說後，白宮當天例行記者招待會中，無人問及美國的反應呢？因為那天最驚人的消息，是中情局培植多年、所謂伊拉克國民議會（INC）首腦、美國原想扶植為伊國總統候選人的查拉比（Ahmed Chalabi），忽然被指為私通伊朗，家裏被美軍指揮下的警察查抄搜索。這條消息的驚人程度，除非我們能想像抗戰期間，日本憲兵忽然去查抄頭號漢奸汪精衛的官邸，說他私通重慶，還差不多。因此那天記者會中，所有問題都集中在伊拉克情勢。國務院雖替白宮準備了對陳水扁演講的答覆，因為無人提問，只好事後當作聲明發表了。

同樣情形，昨天也發生在北京國台辦記者招待會上。我從頭到尾看現場的全程轉播，大陸、香港與台灣二十幾位記者提問，竟然沒人提到中共對假如台灣應美國邀請派遣海軍陸戰隊到伊拉克協助的問題。假如有人問起，張銘清的答覆雖在意料之中，至少會早些把這個試探性氣球一箭射破，免得大家庸人自擾，多費無謂的唇舌。

四十九、就職演說　美國該感動　獨派會高興

（原刊九十三年五月二十一日《中國時報》）

望眼欲穿的五二〇就職演說終於出爐。昨天在場以李奇眾議員為首的美國非官方代表團，以及其餘幾十國應邀而來、接受全程招待的官方慶賀團的團員們，如果不了解台灣選舉過程的驚濤駭浪，只讀新聞局在當場散發的各國文字譯本，一定會頗受感動；甚而覺得陳總統在演講中顯示的坦蕩襟懷，真可謂驚天地泣鬼神，足以感動上蒼。只剩下台灣另一半把票投給連宋的老百姓，正如《水滸傳》裏常說的，有點像丈二和尚摸不著腦袋，懷疑自己的耳朵出了問題，甚至喃喃自問：「這真是我認識的陳水扁嗎？」

我不知道這篇演說由什麼人在幕後執筆，但純就文章的氣勢與修辭來評判，至少可打個九十分。我更誠懇地希望，它代表了一個全新的，為國人前所不知的陳總統，一位確實因民眾分裂對立而憂心忡忡，「自我期許能夠做到講誠信、存慈悲、大公無私、中道治國」的「平凡的人」，一心只想用他這一個新任期，致力於「朝野全民如何跨越過對立的圍牆，如何超越信任的鴻溝」的政治家。昨

天那場大雨實在殺風景，按照國際禮儀，此時廣場裏穿黃色雨衣的群眾，應該跳起來鼓掌，努力揮舞國旗，歡呼萬歲才對。

從內容來評判這篇演說，就比較困難了。以聽眾來分析，美國人應該很感動，因為陳總統不負期望，兩次重申了「四不一沒有」的精神。他先指出「涉及國家主權、領土及統獨的議題，目前在台灣社會尚未形成絕大多數的共識，所以個人明確的建議這些議題不宜在此次憲改的範圍之內」。到接近尾聲時，為免有人還沒聽懂，總統再重申了一遍：「公元二〇〇〇年五二〇就職演說所揭櫫的原則和承諾，過去四年沒有改變，未來四年也不會改變。」這樣斬釘截鐵的話，老美應該放一百二十萬個心了，所以美國該給它九十分。

對獨派大老如辜寬敏而言，也可打八十分，因為四不一沒有這五個字，從頭到底確實沒有出現。忠實支持民進黨的基本教義派也同樣受到鼓舞，因為陳總統對中台辦與國台辦的「五一七授權聲明」，完全避而不談。儘管從北京、廈門到香港的學者專家，一致認為那篇聲明裏「五個絕不」與「七個前景」有很多新意，且包含有擴大國際空間的暗示，阿扁就是不接那個變化球。相反地，他抬出全球化、區域整合、主權意識發生變化、乃至世界大同等觀念，轉彎抹角地拒絕在「兩條道路」中選取一項。新華社說他在「霧中走懸崖」，他卻認為有人把著燈替他照路。至於那盞燈在誰手裏，就不方便問了。

陳總統雖然承認「兩岸人民曾經擁有共同的血緣、文化和歷史背景」，呼籲對岸恢復對話與溝通的管道，卻止於「和平發展、自由選擇」，細研全文，他不曾放棄包括獨立在內的任何一種選項。他釋出最具體的善意，也僅是「確保台海的現狀不被片面改變，並且進一步推動包括三通在內的文化經貿往來」而已。可惜獨派群眾不習慣於繞圈子說話的隱晦辭令，中南部死忠派選民恐怕只會給他六、七十分。

最低的分數無疑會來自對岸；北京的官僚體系萬事必須等候上級指示，向來不會很快反應。大陸官方本來以為這次已經把球發到台灣這邊了，不想再度成空。我想等到週末，或許會知道北京究竟會給陳總統一個大鴨蛋呢，還是不及格的二、三十分？

如果問我怎樣評估今年的五二〇演說，最誠實的答覆是不知道。假使昨天我聽到的聲音真正來自陳總統內心，代表一位洗心革面、昨非今是的總統，我會給他七十分，期望他真正實踐許諾，履行向全國與全世界所說的每一個字。假使錯了，只能怪我自己愚昧，太容易相信積習難改、謊話連篇的政客了。

五十、WHA「五一七聲明」後　第一根大棒

中共打擊我國際空間　從來就如此蠻橫

（原刊九十三年五月十九日《聯合報》）

我國試叩世界衛生組織的邊門，第八次遭遇滑鐵盧，原在意料之中。美、日與二十幾個邦交國雖投票支持，只能算阿Q式的勝利。國人雖不必沮喪，也無需過份反應。中共打擊我國的國際空間，從來就如此蠻橫。國際關係本來只講實力，哪有正義可言？台灣五十幾年來，同樣的遭遇數不勝數，過去全靠打落牙齒和血吞，今後也只能這樣，別無他法。

倒是北京方面十七日凌晨發表的那篇聲明，內藏不少玄機。我讀全文後的第一個印象，是大陸一絲不變的僵硬立場，似乎有些鬆動了。等找出一九九五年一月的「江八點」逐條比對後，差別雖然沒那麼顯著，卻也昭然若揭。江八點著重在陳述原則，看似溫和，只想引誘台灣上鉤，具體承諾並不太多。而胡溫體制下這篇聲明在實務方面許下的願景清楚得多，令人想起西方諺語中一手執根大棍子，另一手吊個胡蘿蔔的趕馬伕，希望軟硬兼使，逼使馬兒就範。

毫無疑問地，這篇聲明一定曾得胡錦濤與溫家寶等中央政治局常委一致批准，才如此匆忙地趕在凌晨發稿。就文字內容而言，可說字斟句酌。它顯然將成為大陸今後對台政策的最高指針。但因為「太上皇」仍掌兵權，所以沒用個人名義，而以中台辦與國台辦出面。正如江八點取代了「葉九條」，這篇聲明也一定會取代江八點；改朝換代後，新領導人總要出點新花樣，古今中外都如此，不足為奇。

第一段批評陳水扁總統四年說的「四不一沒有」，是「自食其言，毫無誠信」，要言不繁，沒有廢話。任何人都看得出來，它的用意在把扁政府所有可能躲閃迴避的門戶，統統堵死。使大家望眼欲穿的五二〇就職演說，失去任何避實就虛的空間。這段話是說給陳總統和民進黨聽的，台北股市應聲崩盤，可見老百姓都懂得其中道理。我很難想像替陳總統執筆的文膽，讀了大陸這篇聲明後，還能繞著圈子自圓其說，而且還使民進黨中急獨與緩獨兩派都滿意。

第二段開始雖有「台獨沒有和平，分裂沒有穩定」警告意味很重的句子，其實是專門寫給美國人看的。因此它重申五個「絕不」：即爭取和平談判的努力絕不放棄，與台灣同胞共謀兩岸和平發展的誠意絕不改變；這兩條是給華盛頓看的兩枝象徵和平意圖的橄欖枝。而另外三條，所謂堅持一個中國原則的立場絕不妥協，堅決捍衛國家主權和領土完整的意志絕不動搖，對台獨絕不容忍，正是告訴美國說：這是我最後的警告，陳水扁再要假裝聽不懂，可別怪我要動手了。

第三段列舉的七項主張，才是胡溫端出來的牛肉，內容相當具體，對象既是台灣人民，也包括了美國政府。其中有許多北京以前從未作過的許諾，例如「結束敵對狀態，建立軍事互信機制」；「以適當方式保持兩岸密切聯繫」，有暗示重啟海基會與海協會往來之意；實現三通雖是老話，「建立緊密的兩岸經濟合作安排」，明明在指香港經濟賴以復甦的CEPA。

最耐人尋味的，是第七項「妥善解決台灣地區在國際上與其身份相適應的活動空間問題」。此話雖然聽來不太舒服，假設十七日半夜消息傳來，日內瓦有奇蹟出現，台灣以衛生實體地位，順利成為WHA的觀察員，無論藍綠陣營，有人敢反對嗎？我想一個也不會有。

至於聲明最後的「兩條道路」說，只是把轉緊了的螺絲再加緊些，使它不會鬆掉而已。不論政府或民間，泛綠或泛藍，都不可等閒視之，認為只是虛聲恫嚇，了無新意。如果這麼明確的語言，我們都聽不懂，等大難臨頭時，只能怪自己過份大意了。

五十一、「統一法」對準台灣關係法罩門

二十五年來，美國總是拿台灣關係法抵擋中共壓力，

有了統一法，北京就可振振有詞「台灣問題是中國的內部事務」……

（原刊九十三年五月十四日《聯合報》）

中共總理溫家寶在倫敦答覆華僑詢問，認為由中共全國人民代表大會制定「國家統一法」是個好主意。對台灣而言，這是個極其嚴重的警訊，它不僅是個絕招，而且對準了二十五年前美國國會通過的台灣關係法的罩門，可能還真管用。

一九七九年美中關係正常化後，美國國會看不慣卡特總統獨斷獨行，通過台灣關係法，提供對台灣安全的「事實而非法理上的保障」，以作制衡。

因為卡特在《建交公報》中已經接受一個中國原則，所以台灣關係法的相關文字故意含糊不清，只提台灣人民而不提政府，更無白紙黑字的出兵保證。該法第二條第一款第四項，也只說：「任何以非和平方式決定台灣前途的努力，包括封鎖或禁運等，均將被視為對西太平洋地區和平與安全的

威脅，美國將對之嚴重關切」而已。

二十五年來，美國與大陸領導人每次會晤，台灣必然列為首要議題。中共每次不忘根據三個公報，要求美國停止供應台灣武器；美國則每次都拿台灣關係法來作擋箭牌，近來更加上對岸部署飛彈，作為繼續售台武器的理由。雙方早知道對方會說些什麼，仍不能不照本宣科，照演一番。

毛澤東與鄧小平時代，中共一面喊解放台灣，不容他人置喙；另一面卻聲言再等個五十年一百年，也沒什麼要緊。這種策略，一方面避免訂下時間表，免得說得到卻做不到；另一方面，至少仍把台灣定位為內政問題。

江澤民執政後，或許因為前兩次台灣大選前夕的文攻武嚇都失敗了，北京改而採取迂迴戰術，套句西洋成語，就是「從北京到台北，最近的路線是經過華盛頓」。陳水扁執政以來，大陸這種趨勢更加明顯。美國助理國務卿凱利在證詞中宣示：「什麼言行會改變台海現狀，不能再聽台北的解釋，必須由美國自行認定。」正是華府不得不接受中共壓力的後果。

當年參眾兩院以壓倒多數通過台灣關係法時，鄧小平剛訪美歸來，兩國仍處蜜月時期，中共無意剛剛建交後就和美國吵架。現在情勢大大不同了，雙方都不諱言台灣問題是兩國邦交中最大的刺激因素。

今日大陸民族主義高漲，只要胡溫體制提出法律草案，全國人大常委會一定照案通過。等大陸正式頒布國家統一法後，下次美國再拿台灣關係法來抵擋中共壓力時，北京就可抬出自己的法律來，振振有詞地回歸到「台灣問題是中國的內部事務」的說法上去。中共會指出：台灣海峽依海洋法而言，全部是中國的經濟海域，其和平與安全不能與整個西太平洋地區的和平與安全混為一談。以中共與歐盟以及與東南亞協會的友好關係而言，這兩個集團可能支持北京的立場，至少也不致公開反對。

二十一世紀美國軍事力量達到歷史的最高峰，而政治影響力卻因種種關係不升反降。美國雖然打敗了海珊，今日在伊拉克的處境卻岌岌可危，且不提應付回教游擊隊疲於奔命，僅這次虐待戰俘的醜聞，就可能使布希總統連任失利。北京只要看準時機，趁華府手忙腳亂之際通過國家統一法，以動武作為要挾，那時美國會怎樣反應，沒有人敢斷言。

五十二、外交官　不是派出去說謊的

駐美代表難產　問題不在人選　在總統的性格

（原刊九十三年五月七日《聯合報》）

駐美代表一職是我國外交界的最高榮譽。程建人代表辭了幾次職，早已無可挽回。民進黨中覬覦此職的人不在少數，但即使陳水扁總統也知道，台北與華盛頓間支離破碎的關係，急待彌補。從總統府、行政院到外交部，大家心裏都明白，如果此次所派人選不當，對國家所造成的損害將難以估計。李大維所以能出線，確實是無可奈何情況下的最佳選擇。

政府能起用一名仍為國民黨中央委員的職業外交官駐美，顯示府院部都以政務為重，不曾考慮黨派色彩，這種雅量值得喝采。但李大維的資歷完整是一回事，能否達成任務又是另一碼事。這話怎麼說呢？

美台斷交二十五年來，布希是白宮歷任主人中對台灣最為友好的總統，而兩國關係卻處於最惡劣的狀態。如果要追究責任，該負責的是陳總統，因為前後矛盾的言辭，使得華盛頓暴跳如雷的，都出於總統之口。

選舉已過，今天為什麼難找適任駐美代表的人選呢？道理很簡單，因為白宮或國務院對從台灣來的任何人，都不再信任了。主管遠東事務的助理國務卿凱利，四月二十一日在眾議院國際關係委員會為台灣關係法二十五週年所作的證詞，許多報紙摘譯時有個文法錯誤，即美國對台政策的五大要點中第二點，原文是 "The US does not support independence for Taiwan or unilateral moves that would change the status quo as we define it."

各報翻譯時，多把最後七個字譯作「何謂現狀，當由美國認定」。其實這句的正確譯文，應為「美國不支持台灣獨立，或任何美國認為可能改變現狀的單方面動作。」換句話說，美國早已厭倦於陳總統今天說二〇〇六年制憲，明天又說制憲只為深化民主，與獨立無關；或者今天說新憲法的目的只在使台灣成為新而完整的國家，明天卻把它拿來作為公投的題材。

陳總統這種天天變一套的說法，在台灣早已習以為常，在國際關係上卻無法令人接受。國人對何謂「外交辭令」有種錯覺，以為外交官就是派出去說謊的；其實恰恰相反，到了大使或代表層級後，每一句話，每一個字，都必須誠實無虛。程建人所以屢遞辭呈，正因為他被美方逼問時，每每無法自圓其說；不論李大維也好，或換成別人也好，總統這種性格不改，誰做駐美代表都沒有用。

五十三、外交政策錯誤　別怪執行不力

民進黨看外交部　充滿「非我族類」
把選舉訴求「出口轉內銷」
一日信用掃地　後遺症難免

（原刊九十三年四月十二日《聯合報》）

簡又新上星期五下午剛遞出辭呈，游院長星期六就敲定由陳唐山繼任。不但杜絕了民進黨內其他可能人選競逐此職的夢想，也證明簡部長並非引咎請辭，而是高層要他走路，以便為夏馨一通無辜的電話，被我國政府對外謊稱為「賀電」，向美國政府有所交代。

程建人代表在雙橡園臨時舉行的記者會中說得很清楚，他並沒有以假亂真。外交部曾有四、五通電令要他去交涉，希望美方能對選舉結果表達祝賀。他與夏馨不斷連絡，到三月二十六日清晨，夏馨只在電話中說了幾句祝賀的話，他就立刻用電報呈報台北。但是外交部又來電話指示，他沒說是誰，索取夏馨談話的逐字記錄，並請夏馨簽字確認。他也辦到了，卻未想到台北竟拿它當作賀電，對外發表。因此，程建人強調他「不認為駐美代表處有疏失」。言外之意，就是說簡部長辭呈中所謂「監督不周」四字，他無法接受。

這樁公案事實非常簡單，全國人民都很清楚；外交部長更調也已定局，無庸辭費。但是它所顯示的民進黨以及陳水扁總統周邊人士看待外交部的心態，卻值得大家推敲思考。

任何民主國家，除總統或總理外，外交部長是外交政策的主要規劃者與執行人。即使在被民進黨詬病的威權時代，部長如葉公超等仍然有相當大的發言與指揮權。李前總統登輝時期雖然在若干議題，如赴康乃爾演講與加入聯合國等，採取強勢領導作風，政府對駐外使節的意見仍相當尊重。對明知無法辦到的事，也能體諒駐外單位坦白的分析與陳述。

四年前政權輪替後，情形完全變了。坦白點說，先後兩位外交部長，田弘茂與簡又新，實際都與權力核心沾不上邊，只有聽話的份。總統府、國安會、乃至行政院叫你怎麼做，就得怎麼做。尤其稍涉政治層次的決定，外交部長連插嘴的資格都沒有。民進黨帶進政府高層的都是選舉能手，或者全無外交實務經驗的蛋頭學者。這種外行領導內行，下情無法上達的制度，才把原本運作順暢的外交體系，一夕間變成某些人的眼中釘。

政府各部會中，唯獨外交部有一套嚴整的人事法規。外交領事人員必須高考及格，在外交人員講習所受訓結業，出國接受一年語文訓練後，進部從底層做起。除部分駐外使節得由總統直接選派，相當於美國的政治任命外，大家都要遵循人事升遷的常規，無法做三級跳。民進黨雖然掌握了政權，對這套人事法規一時卻無法變更。

在民進黨有些人眼裏，外交部充滿了「前朝餘孽」，都是國民黨訓練出來的死腦筋，食古不化，指揮不動，因而索性丟到一旁，由總統府與國安會直接操作外交。另外有些人則指責外交部被外省人把持，更與事實不符。豈旦兩任部長與政務次長都是民進黨選派、效忠綠營的「忠貞人士」，只看現任駐外使節中，本省籍與外省籍的比例，應該在二比一或更高些。如果連基層人員都計算進去，比例就更懸殊了。

批評外交部的人從不想想：「外交是可能的藝術」，你不能強迫別人做任何他不願做的事。在國際法大原則下，各國不論大小一律平等，硬拗或矇騙都是走不通的路。你也不能把別國外交官的智商，看成和擁護基本教義派的鄉親一樣。最重要的是，駐外使節與其對手方晤談，必須以誠相見，不可口是心非，謊言欺騙，一旦信用掃地之後，對方就再也不理會你了。

程建人能請夏馨在電話紀錄上簽字，所憑藉的是他幾年來與夏馨相處，積累起來的個人信用；如今卻被國內不知何人強迫外交部拿來騙老百姓，作為美國接受陳水扁當選為事實的證據。謊言被拆穿之後，又拿外交部長來頂缸，白白犧牲了個部長，府院卻彷彿沒事人的樣子。這種作法，豈旦國務院看了直搖頭，即使美國原本對泛綠略為同情的國會議員或智庫學者，都覺得台灣這樣作法，未免太過份了點。就整體對美外交而言，不但無益，反而有害，這個道理不知道當局者懂不懂？

歸根結柢一句話，外交和內政是兩碼事。把選舉訴求「出口轉內銷」，基本上行不通，事實上也做不到。外交人員不會抵制民進黨的政策，我們該面對的問題，是外國政府無法接受台灣的謊言。外交成功與否，關鍵在於政策，請別再把錯誤的政策歸咎於執行不力了。

五十四、夏馨是否去職　沒有多大關係

美國考慮調整對台政策？小題大做！

（原刊九十三年四月六日《聯合報》）

國內許多媒體至今仍不太瞭解，美國外交運作有一定的軌道。中央社從華府報導說，美國在台協會（ＡＩＴ）主席夏馨將要去職；有些敏感的人就疑神疑鬼地以為美國考慮調整對台政策了，豈止小題大做，根本就是捕風捉影。

二十五年前，兩國剛斷交時，ＡＩＴ與它的對口單位「北美事務協調委員會」，在維持雙邊實質關係上，確實發揮了相當作用。但這些年來，雙方關係在默默中逐漸改善，早已丟掉了白手套，恢復到斷交前由派駐對方機構直接處理業務的模式。駐台的ＡＩＴ連當地僱員在內，達三百五十人。包道格雖無大使名義，比任何一位友邦駐華使節還吃得開。只要他請見，陳總統隨時都會見他；感恩節還會去他陽明山寓所吃火雞大餐，給足了面子。

相形之下，程建人至今仍不能踏進國務院大門，待遇似乎略遜。但雖少了點面子，裏子卻沒吃什麼虧。從前那個彆彆扭扭的名稱早已換成駐美代表處，對外則用「駐美國台北經濟文化代表處」為名，堂堂皇皇地登在華府電話簿裏；職員連聘雇人員一向都超過百人。程代表日常往來的對象，是國務院遠東局主管以下的官員，更高職務者則藉社交場合巧妙地相互認識。實際上有事都找遠東局中國科，不再假託此地無銀三百兩，去掩人耳目了。

這種情形，豈旦你知我知，中共駐美大使館也一清二楚。AIT的華盛頓辦事處設在近郊的維琴尼亞州阿靈頓，只因有台灣關係法而繼續掛著招牌。實際功能與台北的北美事務協調委員會一樣，萎縮到只剩下門面工作。AIT那邊，因陳總統與呂副總統喜歡從美國「過境」，變成以送往迎來為主，多少還有點應酬雜務。台北的北美協調會則成為「錢多事少離家近」最舒服的差使，主委坐享整個外交部除部長與政務次長外，唯一的特任官待遇，實際對美業務都由外交部北美司去辦，他可以不聞不問，不知被多少人羨慕煞。

AIT二十五年來，凡從外交、國安、或情治體系出身的董事會主席，從丁大衛、羅大為、白樂崎、到卜睿哲，懂得謹言慎行的人，做得都很稱職。只有從外面「空降」下來的鄔杰士與夏馨，不能體會美國在中共強大壓力下維持與台灣實質關係的苦衷，才會常常闖禍。鄔杰士只做了十三個月，夏馨如果被撤換，也只做了十五個月。老實說，包道格每天發回華府的電報與分析，都直接交遠東局中國科處理，夏馨看都看不到，怎能瞭解台灣政治的微妙？她又自恃與錢尼副總統的關係深厚，憑過去搞公關的經驗，與民進黨拉個人關係。公共關係本來就有點肉麻當有趣，越熱唬越好，難怪國務院的職業外交官看她不順眼了。

美國是舉世唯一超強，對外關係複雜萬分。總統、國務卿與國安顧問三個人即使真有三頭六臂，也管不了這麼多。對大陸與台灣的外交事務，原則上由遠東局的助理國務卿凱利全權負責督導，遇有重大事故，才會層層向上請示。美國駐台的代表是包道格，只有他才能向國務院報告，或就政策事宜提出建議。夏馨是局外人，說她的職位相當於副助理國務卿，已經抬舉她了；實際與我國外交部各司編制外的幫辦差不多，而重要性仍遠遠不及。她在對台政策上有發言權嗎？老實說，連門兒都沒有。

辦外交，首先要瞭解對方的組織系統與決策程序。政府不能因為某人表面上對台灣友好，就誇張該人的實際地位與影響力，到頭來只騙了自己。

五十五、選戰雖已結束 困難才剛開始

（原刊九十三年三月二十七日《民眾日報》，東森電視網星期講義「新政局新使命」系列之六）

從槍擊事件、一整天投票、到選舉無效之訴，兩天一晚的雲霄飛車，使全國人心充滿忐忑不安。藍綠票數差距還不滿廢票的小數點，尤其出人意外。法院未結案前，仍須暫時接受初步計票的結果，這就是民主制度的精神。

選舉激情已過，回顧幾個月來的割喉選戰，焦點實在於誰能代表主流民意。坦白點說，兩萬七千票的差距，解決不了國家定位的爭議。民進黨雖然又贏得四年執政權，今後陳水扁總統要怎樣放眼世界，改善兩岸瀕臨戰禍的緊張情勢，修補亂七八糟的對外關係，尤其如何重獲安全所仰的美國的信任，將是他五二〇就職後，馬上面臨的最具迫切性的問題。

就國家利益而言，對外關係本來就不該與國內政治混為一談。美國國內對伊拉克戰爭縱有爭議，對外而言，口徑仍然一致。美國沒有所謂共和黨的外交政策，或民主黨的外交政策，只有兩黨共同的外交政策。我國內部如無統獨之爭，對外政策上也不應該有黨別的歧異。

假如泛藍贏了選舉，我們和美國的齟齬，還比較容易解決些。美國對東亞局勢的指導政策，打開天窗說亮話，就是要「泛藍不統，泛綠不獨，大陸不武」；簡言之，美國希望雙方都避免挑釁，台海局勢維持現狀，不要給美國增加麻煩。

但是陳總統偏要把大選與公投綁在一起，才迫使布希總統去年十二月九日在溫家寶面前公開表示反對。此後三個多月裏，美國從總統的國安顧問到國務卿，一再表示美國對「和平公投」有無必要的疑問，民進黨政府則假裝糊塗，相應不理。這樣地硬挺，在白宮與國務院都種下了很深的反感，說台灣誤以為拿到了美國的空白支票，才如此為所欲為。陳總統縱獲連任，美台關係的危機仍未解除。

世界唯一超強的美國，最不願意被別人牽著鼻子走。另一方面，美國七個半月後也要大選，沒有一位總統候選人敢在此時放任中共對台動武，而不作反應。正因為如此，儘管布希私底下暴跳如雷，還真拿台灣無可奈何。

兩國斷交以來，歷任總統中以小布希對我國最為友好；只因陳總統推動公投，才把兩國關係推到二十五年來最低點。陳水扁或許相信，他只要在五月就職時再重申一次「四不一沒有」，就可以把美國擺平，恐怕沒有那麼容易的事。他選前忽然又表示盼與大陸恢復談商，被北京接受的可能就更小了。

大陸今日已是崛起的強權，美國不可能為台灣和它交手。美國在阿富汗仍需追捕賓拉登；在伊拉克陷入泥淖；在應付北韓時更需要中共協助；在其他事務上，也希望北京不在安理會掣肘。美國所怕的就是台灣不斷追求獨立，大陸到忍無可忍之時，只有孤注一擲，置美國於進退兩難的境地。美國「創造性模糊」的把戲一旦被拆穿，就沒有戲可唱了。

假如美國被逼捲入兩岸紛爭，日本、歐盟、以及東南亞國家都將受到極大衝擊。這些國家在選前紛紛表態，質疑陳總統堅持公投的動機，雖說受華府與北京雙重壓力的影響，也有本身利益的考量在內。今日全球化狀態下，任何地方燃起戰火，都會延燒到別處。因此，我敢斷言陳總統連任後，別無選擇，必須放低姿態，尋求與中共和解。

問題在民進黨政府發言反反覆覆，已經完全失去國際的信任。中共更早已認定：李登輝與陳水扁在推行「漸進式台獨」，且已訂定兩年後制憲，四年後建國的日程。把這些錯綜複雜的因素歸總起來，其關鍵就在大陸對整體情勢怎樣評估，如何計算和與戰的得失。

北京第四代的領導人，看過今天台灣各報連篇累牘的新聞後，正面對他們最困難的選擇。胡溫體制雖然以經濟建設為首要，在重大決策上仍須聽江澤民的意見。我相信今天華府與北京之間，交換意見必定極為頻繁。台灣的選舉訴訟會給另兩地多些時間權衡，但今後幾週裏，毫無疑問將是政府遷台五十四年以來，局勢最緊張的時刻。

五十六、我所認識的曹聖芬先生

（原刊九十一年十月・開元書印社《一片祥和日月長》）

一九五五年六月，我從哥倫比亞大學新聞研究所結業回國，仍回英文《中國日報》做編輯。每天清晨七時即到懷寧街面臨新公園的報館，把當天華文報紙的社論與重要新聞擇要譯成英文。正午截稿之前，整整五小時忙個不停。辦公室裏只聽見打字機的的搭搭的響聲，偶有電話也總是三言兩語就掛斷了，以免影響工作。

政校新聞系六期的曹聖芬先生也在那年夏天從米蘇里大學新聞研究所學成歸來，總統蔣公命他接掌《中華日報》。他找了米大同學戴潮聲做總編輯，邀我去幫忙管採訪組。老大哥的邀約無法拒絕，但黨營事業的待遇實在養不活一家。他體諒我的困難，特別容許我仍兼任英文《中國日報》職務，下午四時才去博愛路報社上班。不論有什麼緊要新聞，一到午夜，他總拿社長座車送我回家，以便我次晨能起床趕去英文《中國日報》。這樣的優遇令我感激涕零，至今難忘。

《中華日報》南部版歷史悠久，一直都賺錢。而北部版只能掙扎求生。如以官方型態出現，永遠比不過《中央日報》；如在社會新聞上競爭，又哪是《聯合報》的對手？只靠體育新聞比別家強，還不能扭轉劣勢。報社後來從博愛路搬到中山北路一座平房裏，年久失修，漏雨漏得厲害。我與另一位副總編輯冷楓對面而坐，旁邊編譯組的張士丞也是政校同學。外面如果傾盆大雨，編輯部裏也好似在下小雨，大家卻照樣工作，不以為苦，可見那時整個社會的克難精神。

我永遠不會忘記當時許多同事們，如黃天才、王業崴、戴獨行、江清澄、李迪、唐瑛、姚鳳磐等。在兩面夾攻之下，採訪組同仁和我努力打拼，那一年裏雖使報份緩緩上升，究竟無力回天。我們有不少創新的做法，每次推出半版甚至全版的集體採訪，也曾令人刮目相看。終因先天不足，後天失調，《中華日報》沒能在群雄並立的台灣報界，找尋到自己的路線。年餘以後，我被沈錡局長拉去行政院新聞局工作，從此告別了記者生涯。聖芬先生不久也轉換跑道，接長《中央日報》去了。

政校校訓「親愛精誠」不是一句空泛的口號，而是前輩學長們個個身體力行的真理。聖芬先生擔任政大同學會會長多年，他簡直是這四個字的化身。我追隨他只有一年多一點，但此後幾十年裏，每次在同學會或其他場合見面，好似工作關係從未中斷，自然感覺到一種特殊的溫暖。這種除非親身體驗不能瞭解的感覺，正象徵了他一生為人做事的風格，令人如沐春風，如逢化雨。

好書推薦

◎三民叢刊227

如果這是美國——一位退休外交官看臺灣　陸以正　著

面對每天沸沸揚揚的話題，您的感想是什麼？是事不關己的冷漠？還是無法判斷是非的茫然？一位終身奉獻外交事務的外交官，以駐外三十五年的經驗，告訴您「如果這是美國……」

◎三民叢刊264

橘子、蘋果與其它——新世紀看台灣舊問題　陸以正　著

「換人做做看！好不好？」但是怎麼看？怎麼比？是被媒體左右而陷入「八卦」迷陣？還是沉醉在「政治秀場」的氣氛中搖擺？陸以正先生以其畢生奉獻於新聞工作與外交事務的宏觀視野，告訴你如何由內行人的門道來看新世紀中的舊問題。

◎三民叢刊294

台灣的新政治意識——局外人對二〇〇四年大選的觀察　陸以正　著

陸以正先生是一位資深的外交官與新聞人。他以豐富寬廣的國際眼光和溫暖的文筆，記錄並剖析了民國92年元月至93年3月間，台灣所經歷最動盪的歲月、最激烈的選戰。這些文字，除了讓我們在「事過」之際能以冷靜的心重新檢視，更能進一步思考這些新聞事件對我們的現在與未來將有何影響，並從中得到屬於個人的觀點。

◎三民叢刊16

解咒與立法

勞思光 著

解嚴以來，臺灣社會充滿騷動與不安，也孕育了新生與希望。作者以睿智觀照此一變局，指出「解咒」後必須「立法」，否則「進步」亦將失去意義而落空，值得吾人深思。

◎人文叢書　文學類1

月落人天涯——思情與懷念

何秀煌 著

三十年前，作者經由書信的往返，結識了沈宣仁先生——他細心、熱忱而積極。成為工作夥伴後，更進一步瞭解了沈氏——他深具中國傳統讀書人的自許以及現代教育家的遠見。而如今，哲人已遠，典型猶在。藉由本書的一字一句，作者刻劃沈氏的行事風格，細數沈氏的理想堅持，闡揚沈氏的教育願景，充分流露出無限的崇敬與追思——而這正是本書成書的目的。

◎人文叢書　文學類2

行與言

桂　裕 著

本書名之曰《行與言》。「行」，指的是作者訪察歐美諸國的見聞隨筆，桂教授於行程中參訪各地的司法、教育機構及風景名勝，與當地專家學者多所交流，並將心得感想及收集的資料形諸文字，對於了解當時的社會概況與今日的法律源流，都有極其重要的價值。「言」則是作者論文及講稿的選粹，文中不但對中國傳統思想與孔子學說作深入的評析，並賦予其時代意義，也對言論自由與民主的關係作了闡釋。全書精闢透徹、含意深遠，耐人咀嚼。

好書推薦

◎三民叢刊67

蛻變中的臺灣經濟

于宗先 著

八〇年代後期，世界情勢發生了劇烈的變化，臺灣經濟也出現蛻變的現象。本書為臺灣經濟蛻變的時代刻下影像，更為今後的經濟發展指出努力的方向。

◎三民叢刊64

民主與兩岸動向

余英時 著

本書以歷史學者的眼光，為臺灣民主發展、大陸民主運動及兩岸關係提出懇切的評述。在中國歷史新階段序幕初啟之際，不僅是歷史的見證，亦可作為探測未來發展的依據。

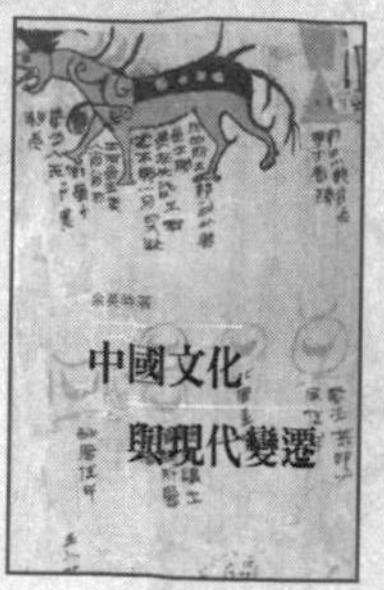

◎三民叢刊52

中國文化與現代變遷

余英時 著

● 行政院新聞局中小學生課外優良讀物推薦

在西潮的衝擊下，中國傳統文化有了哪些變化？知識分子又如何肆應此一變局？作為一個思想史學者，作者將對於這些問題的深刻觀察和思索，彙集成為本書。